RÉSUMÉ

d'Exercices sur la Carte

EXÉCUTÉS EN 1904-1905

PAR

LE GÉNÉRAL GOIRAN

Avec deux planches

BERGER-LEVRAULT & Cie, ÉDITEURS

PARIS
RUE DES BEAUX-ARTS, 5-7

NANCY
RUE DES GLACIS, 18

1909

Prix : 3 fr. 50

RÉSUMÉ D'EXERCICES SUR LA CARTE

EXÉCUTÉS EN 1904-1905

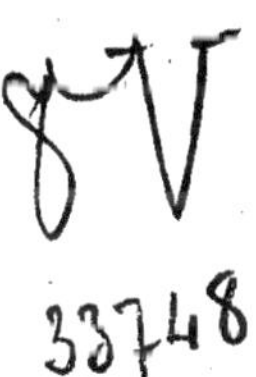

Extrait de la *Revue militaire générale*

RÉSUMÉ

d'Exercices sur la Carte

EXÉCUTÉS EN 1904-1905

PAR

LE GÉNÉRAL GOIRAN

Avec deux planches

BERGER-LEVRAULT & Cie, ÉDITEURS

PARIS | NANCY
RUE DES BEAUX-ARTS, 5-7 | RUE DES GLACIS, 18

1906

AVANT-PROPOS

Les exercices sur la carte, dont le résumé suit, étaient organisés de la façon suivante (dans la garnison de Vincennes).

Officiers participant à l'exercice. — Les mêmes officiers n'assistaient pas à tous les exercices; chaque fois ils changeaient, en sorte que tous les officiers de la garnison ont pu prendre part au moins à une de ces manœuvres sur la carte.

Préparation des exercices. — Les thèmes établis par le directeur étaient adressés deux ou trois jours à l'avance à chacun des chefs de parti. Ceux-ci organisaient alors leur parti, désignaient les commandants des diverses unités et donnaient leurs ordres préparatoires.

Le directeur de l'exercice se faisait adresser ces ordres préparatoires le matin même du jour prévu pour la manœuvre, et d'après les dispositions prises, il pouvait de suite préparer des feuilles de renseignements qui étaient communiquées, dès le début de l'exercice, aux commandants des partis et demander, en même temps, d'établir la situation du parti à une heure déterminée. Dans ces conditions, la manœuvre pouvait commencer à l'heure fixée, sans hésitation ni perte de temps.

Exécution de la manœuvre. — Le directeur a employé successivement les deux procédés indiqués par le lieutenant-colonel X... dans son article « Jeu de guerre et manœuvre sur la carte », publié par la *Revue Militaire générale* de janvier 1907.

1° Comme le prévoit l'instruction du 20 février 1895, une salle était mise à la disposition de la direction. Là, était reportée sur une carte la situation des deux partis.

Le directeur adressait alors à chaque parti les renseignements qui lui seraient parvenus sur le champ de bataille ou la situation que le chef de parti aurait constatée lui-même de l'emplacement qu'il aurait occupé sur le terrain. Le commandant du parti répondait par les ordres donnés en conséquence;

2° Ou bien, le directeur de l'exercice se rendait successivement auprès de chaque parti, le renseignait au fur et à mesure, de façon à faire progresser les opérations. Les chefs de parti gardaient trace de ces renseignements et des heures auxquelles ils étaient censés leur parvenir.

Les différents chefs donnaient par écrit les ordres qui, sur le terrain, seraient écrits (ordres importants et ceux envoyés à distance) et verbalement les ordres simples (ceux adressés à des subordonnés rapprochés et demandant une exécution immédiate).

Critique. — A la fin de la manœuvre, tous les officiers étaient réunis; il était donné connaissance des ordres initiaux et du développement pris par la manœuvre. Le directeur indiquait alors les points sur lesquels il ne partageait pas l'avis des exécutants, ainsi que la façon dont il aurait opéré. Ensuite, il tirait de l'exercice des conséquences d'ordre général au point de vue de l'instruction tactique des officiers.

Dans sa critique, le directeur avait la constante préoccupation de ne froisser aucune susceptibilité; le but de la critique étant surtout de tirer le plus grand profit possible des faits qui se sont déroulés et des enseignements qui peuvent en découler.

Durée des exercices. — Ces exercices duraient trois à quatre heures au plus, y compris la critique.

Leur résumé a été communiqué à tous les officiers de la garnison.

RÉSUMÉ
D'EXERCICES SUR LA CARTE
EXÉCUTÉS EN 1904-1905

ÉTUDE COMPARATIVE DE L'EMPLOI DES PETITES COLONNES ET DES MASSES DE MANŒUVRE

DONNÉES GÉNÉRALES

PARTI ROUGE

Situation générale. — Une armée rouge de 4 corps d'armée, venant de la région de Saint-Mihiel, est en marche vers le nord-est à la rencontre d'une armée bleue, qui a franchi la Moselle à Metz et plus au sud.

Composition de l'armée rouge. — Cette armée comprend les 21e, 22e, 23e et 24e corps d'armée, ayant la composition des corps d'armée français, avec régiments à 3 bataillons.

Situation la veille de l'exercice. — La veille de l'exercice, le 21e corps d'armée, avant-garde générale, s'est heurté, sur la ligne Chambley—Waville, à des forces ennemies supérieures et s'est retiré sur la ligne Lachaussée—bois Bouseil—Dommartin-la-Chaussée—Charey—Rembercourt-sur-Mad, dont il maintient l'occupation.

Le 22e corps d'armée a atteint ce même jour, avec son gros, la région Saint-Benoît-en-Woëvre—Hattonville, avant-garde à Haumont-lès-la-Chaussée et à la ferme de Marimbois. Il est couvert à gauche par des détachements de reconnaissance à Avillers, Woël et Jonville.

Le détachement de Jonville a servi de repli à une division provisoire de cavalerie (formée avec les brigades des 21e et 22e corps d'armée), qui a été refoulée, la veille de l'exercice, par des troupes ennemies de toutes armes débouchant de Puxieux et Mars-la-Tour.

Le 23e corps d'armée a atteint, dans cette journée, avec son gros, la région Essey—Xivray, avant-garde à Thiaucourt.

Les détachements de reconnaissance de ce corps d'armée tiennent la ferme Tautecourt, Viéville-en-Haye, Regnéville-en-Haye, Lironville et sont au contact de l'ennemi.

Le 24e corps d'armée se trouve dans la région Heudicourt—Lamorville.

Dans la soirée du jour qui précède l'exercice, le parti bleu tient Suzemont, Sponville, les hauteurs de la cote 245 (500 mètres nord-ouest d'Hagéville), Hagéville, Saint-Julien-lès-Gorze, cote 312 (500 mètres sud-est de Saint-Julien-lès-Gorze), bois Perrière, la partie du bois de Grand-Fontaine au nord-est du chemin allant de Rembercourt-sur-Mad à la ferme de Souleuvre, la ferme de Souleuvre, les lisières ouest de la forêt de Venchères, le ravin nord-sud partant du bois de Frière, Fey-en-Haye, la croupe au sud-ouest de Fey-en-Haye, les lisières nord-ouest du bois Montjoie et du bois dit Le Rays (2.500 mètres nord-ouest de Martincourt).

Premier jour de l'exercice. — Les ordres du commandant de l'armée pour cette journée sont les suivants :

« Le 21e corps d'armée se maintiendra sur le front Charey—Rembercourt-sur-Mad—ferme Tautecourt, et il se reliera au 23e corps d'armée au bois Robert (600 mètres sud de la ferme Tautecourt).

« Le détachement de reconnaissance de la ferme Tautecourt (1 bataillon d'infanterie, 1 batterie, 2 pelotons de cavalerie) passe sous les ordres du commandant du 21e corps d'armée.

« Le 22e corps d'armée relèvera le 21e corps d'armée sur le front Lachaussée—Dommartin-la-Chaussée, se reliant au 21e corps d'armée à Charey; il attaquera dans la direction de Chambley.

« Les détachements de reconnaissance de Jonville, Woël et

Avillers passeront sous les ordres du général commandant la division provisoire de cavalerie et seront portés à l'effectif d'une brigade d'infanterie et d'un groupe d'artillerie par le 22e corps d'armée. Avec ces troupes, le général commandant la division provisoire de cavalerie couvrira le flanc gauche de l'armée et interdira à l'ennemi les débouchés des bois des Haudronville-Bas et le couloir au pied du promontoire d'Hattonchâtel.

« Le 23e corps d'armée occupera le front Viéville-en-Haye—Regniéville-en-Haye et il renforcera son détachement de couverture de Lironville pour couvrir le flanc droit de l'armée.

« Le 24e corps d'armée se portera en réserve à Beney. »

PARTI BLEU

Situation générale. — Une armée bleue de 4 corps d'armée, qui a franchi la Moselle à Metz et plus au sud, est en marche vers le sud-ouest à la rencontre d'une armée rouge venant de la région de Saint-Mihiel.

Composition de l'armée. — Cette armée comprend les 1er, 2e, 3e et 4e corps d'armée, ayant la composition suivante : 2 divisions identiques [(à 4 régiments de 4 bataillons) (1 A. D. de 12 batteries)]; 1 brigade de cavalerie.

Situation la veille de l'exercice. — Dans cette journée, le 1er corps d'armée, marchant en deux colonnes de division, a refoulé les troupes du parti rouge jusqu'à l'Yron, et ses têtes de colonne ont atteint Suzemont et Sponville.

Le 2e corps d'armée s'est heurté dans la même journée, sur la ligne Chambley — vallée de Soirand, à des troupes ennemies qui se sont retirées et qui, le soir, tenaient la ligne Lachaussée — Dommartin-la-Chaussée—Charey—ferme Mon-Plaisir—Rembercourt-sur-Mad.

Les troupes du 2e corps occupaient, dans la soirée de la veille de l'exercice, Xonville, mamelon 245 (nord-ouest d'Hagéville), Hagéville, Saint-Julien-lès-Gorze, cote 312 (500 mètres, sud-est de Saint-Julien-lès-Gorze), bois Perrière.

Le 3e corps d'armée s'est avancé en deux colonnes de division, d'une part par Prény et de l'autre par Vilcey-sur-Trey; ses avant-gardes sont au contact de l'ennemi à la ferme Tautecourt et au débouché de la forêt de Venchères.

Le 4e corps d'armée, s'avançant également en deux colonnes de division, a atteint avec leurs têtes l'auberge Saint-Pierre (4 kilomètres ouest de Pont-à-Mousson) et Martincourt; leurs avant-gardes sont au contact de l'ennemi qui tient Regniéville-en-Haye, Limey et Lironville.

A la 7e division, l'avant-garde a occupé Fey-en-Haye et tient le ravin nord-sud partant du bois de Frière, ainsi que la croupe au sud-ouest de Fey-en-Haye. Son gros est partie au bivouac vers l'auberge Saint-Pierre, partie en cantonnement à Montauville et Maidières.

A la 8e division, l'avant-garde occupe les lisières nord-ouest des bois Montjoie et Le Rays, mais n'a pu déboucher. Son gros s'étend de Martincourt à Griscourt.

Chacune des divisions dispose de 1 régiment de cavalerie de la brigade du corps d'armée.

Premier jour de l'exercice. — Les ordres du commandant de l'armée pour cette journée sont les suivants :

« Le 1er corps d'armée continuera sa marche dans la direction Woël, Hattonchâtel, de façon à tourner la gauche ennemie.

« Le 2e corps d'armée attaquera dans les directions de Saint-Benoît-en-Woëvre et Beney.

« Le 3e corps d'armée attaquera dans la direction de Thiaucourt.

« Le 4e corps d'armée cherchera à tourner la droite ennemie. »

Exercice du 8 février 1905

SITUATIONS PARTICULIÈRES

PARTI ROUGE

Situation particulière au 22e corps d'armée. — Dans la nuit du 7 au 8 février, l'avant-garde du 22e corps d'armée a relevé le 21e corps d'armée et occupe :

85e brigade : { 1 régiment à Lachaussée et au bois Bouseil;
1 régiment à Dampvitoux, Dommartin-la-Chaussée;

Compagnie divisionnaire du génie à Dampvitoux.

A 7 heures du matin, l'artillerie du corps d'armée est en batterie :

1 groupe de l'A. $D._{13}$, au nord-ouest de Dampvitoux;

2 groupes de l'A. $D._{44}$, au nord-est de Dampvitoux;

3 groupes de l'A. $C._{22}$, sur la crête au nord-ouest de Charey.

Le gros (44e division, compagnies du génie de corps et de la 44e division) est en marche sur la route Saint-Benoît-en-Woëvre, Dampvitoux; sa tête était à 5 heures du matin à la sortie nord-est de Saint-Benoît-en-Woëvre.

Le détachement de reconnaissance du flanc gauche (86e brigade, 1 groupe A. $D._{43}$, 2 brigades de cavalerie, 2 batteries à cheval de l'A. $C._{22}$) a son gros à Jonville, tenant les passages de l'Yron. Une fraction de ce détachement est à Avillers.

Cet exercice a pour but l'étude de l'engagement du 22e corps d'armée sur le front Lachaussée—Dommartin-la-Chaussée.

PARTI BLEU

Situation particulière au 2e corps d'armée. — En exécution de l'ordre de l'armée, la 3e division doit attaquer le 8 février, à 7 heures du matin, dans la direction de Saint-Benoît-en-Woëvre, et la 4e division dans la direction de Beney.

Le 8 février, à 7 heures du matin, la situation de la 3e division est la suivante :

Brigade de cavalerie du corps d'armée à Xonville.

5e brigade d'infanterie tenant les pentes des hauteurs de la cote 245 (500 mètres nord-ouest d'Hagéville) et Hagéville, se reliant à la 6e brigade sur la route Champs, Dampvitoux. Son gros est rassemblé au sud-ouest de Champs. Les 6 batteries mises à sa disposition sont établies vers la cote 245 et à l'ouest de Champs.

La 6e brigade s'étend de la route Champs, Dampvitoux au ravin de Saint-Julien-lès-Gorze (cette localité exclue) et tient les pentes sud-ouest des hauteurs. Son gros est rassemblé à 1 kilomètre sud-est de Champs. Les 6 batteries dont elle dispose sont en batterie sur les hauteurs entre Champs et Saint-Julien-lès-Gorze.

La 4e division prolonge la 3e au nord-est par Saint-Julien-lès-Gorze, la cote 312 et le bois Perrière.

Cet exercice a pour but l'étude de l'engagement de la 3e division.

Exécution de la manœuvre

A 7 heures du matin, le parti rouge occupe :

85e brigade	1er régiment :	1 bataillon à Dommartin-la-Chaussée; 2 bataillons à Dampvitoux.
	2e régiment :	1 bataillon au bois Bouseil; 2 bataillons à Lachaussée.

L'artillerie est aux emplacements indiqués par le thème.

La 44e division atteint avec sa tête le lavoir de la ferme de Marimbois où la 87e brigade doit se rassembler. La 88e brigade se rassemblera au nord de la croisée des routes de Dampvitoux et Haumont-lès-Lachaussée.

Dommartin, Dampvitoux, le bois Bouseil et Lachaussée ont été mis en état de défense pendant la nuit.

La 85e brigade doit, à 7 heures du matin, faire reconnaître, par des détachements poussés en avant du front, l'importance des forces ennemies sur le front cote 245 — Hagéville — croupe au sud-est de cette localité.

Cette reconnaissance est faite à l'aide de 2 bataillons, l'un du 1er régiment débouchant de Dampvitoux et marchant sur Hagéville, l'autre du 2e régiment partant de Lachaussée et ayant comme direction la cote 245.

Au parti bleu, à 7 heures du matin, la brigade de cavalerie tient Xonville, et les autres troupes sont réparties de la façon suivante :

5e brigade :	1 bataillon (1er régiment) tient la cote 245 et les pentes sud-ouest; 1 bataillon (1er régiment) Hagéville; Gros (6 bataillons) au sud-ouest de Champs).
6e brigade :	1 bataillon (3e régiment) tient la croupe à 1.800 mètres au nord de Dommartin-la-Chaussée ; 1 bataillon (3e régiment) à l'est de Dommartin-la-Chaussée; Gros (6 bataillons) 1 kilomètre sud-est de Champs.
Artillerie :	3 batteries (1er groupe) à la cote 245; 3 — (2e — à l'ouest de Champs; 3 — (3e — à l'est de Champs; 3 — (4e au sud-est de Champs (2 kilomètres).

L'intention du commandant de la 3e division est d'attaquer dans la direction de Saint-Benoît-en-Woëvre. Il forme trois colonnes.

1° Colonne de droite :	Brigade de cavalerie (moins 2 escadrons); 1 bataillon du 2e régiment; 1 batterie du 2e groupe;	Mission : protéger le flanc droit, liaison avec le 1er corps d'armée; zone d'action : entre Lachaussée et le bois Bouseil.	
2° Colonne du centre :	1er régiment d'infanterie; 1er groupe d'artillerie; 1 escadron de cavalerie.	Mission : attaquer successivement	bois Bouseil, cote 232, Haumont.
3° Colonne de gauche :	2 pelotons de cavalerie; 6e brigade d'infanterie; 3e et 4e groupes d'artillerie.	Mission : attaquer successivement	Dommartin-la-Chaussée, Dampvitoux, ferme Marimbois, bois de Dampvitoux.
Réserve :	3 bataillons du 2e régiment; 2 batteries du 2e groupe; 2 pelotons de cavalerie.	Au sud-ouest et à l'ouest de Champs.	

A 7 heures du matin, pendant que le parti bleu forme ses colonnes, les bataillons de reconnaissance du parti rouge viennent se heurter aux premières lignes du parti bleu.

Le bataillon du 1er régiment, qui a débouché de Dampvitoux sur Hagéville, est arrêté par les feux de l'infanterie bleue occupant cette localité et la croupe au sud-est, ainsi que par le tir de l'artillerie en batterie à l'est de Champs.

Le bataillon du 2e régiment qui, de Lachaussée, se porte vers la cote 245, occupe le plateau 237, mais ne peut plus progresser sous les feux de l'infanterie et de l'artillerie de la cote 245.

Pour soutenir son infanterie, l'artillerie rouge entre en action : 1 batterie de l'A. D.$_{44}$ (à l'est de Dampvitoux) ouvre à 7h15 le feu sur Hagéville, tandis que le groupe de l'A. D.$_{43}$ (à l'ouest de Dampvitoux) prend pour objectif l'artillerie bleue à l'est de Champs. Peu à peu, toute la ligne d'artillerie entre en action.

1 groupe A. D.$_{43}$. Objectif : 1 groupe d'artillerie bleue à l'est de Champs;
1 groupe A. D.$_{41}$. — 1 groupe de la cote 245;
1 groupe A. D.$_{41}$. — 1 groupe à l'ouest de Champs (2 batteries);

1 groupe A. $C._{22}$. Objectif : 1 groupe au nord de Saint-Julien-lès-Gorze.

Pendant ce temps, le parti rouge renforce ses bataillons engagés.

A gauche, le régiment de Lachaussée marche sur la cote 245 avec 2 bataillons en première ligne et 1 en réserve.

A droite, un second bataillon du 2e régiment est venu prolonger vers l'est la ligne de feux pour contenir les troupes ennemies qui se renforcent sur la croupe au sud-est d'Hagéville. Le 3e bataillon du 2e régiment est en réserve à Dommartin-la-Chaussée.

Vers 8 heures, la colonne de droite du parti bleu, débouchant de Xonville, attaque la cote 237, mais est arrêtée par l'infanterie rouge qui s'est retranchée et par l'artillerie du détachement de reconnaissance du flanc gauche en batterie au sud du bois de Sponville.

Vers 8h 15, le commandant du parti rouge se décide à enlever le mamelon 245.

Le général commandant la 87e brigade, avec 1 régiment de sa brigade et 1 groupe de l'A. $C._{22}$ est chargé de cette mission. Le 2e régiment de cette brigade reste en réserve au bois Bouseil.

La 88e brigade se rapproche de Dampvitoux.

Le 1er régiment de la 87e brigade, partant de la région à l'ouest du bois Bouseil, se porte à l'attaque de la cote 245, avec l'appui du groupe de l'A. $C._{22}$ qui s'est établi à la gauche de l'A. $D._{43}$.

A peu près à la même heure (8h 15), le commandant du parti bleu se résout à rester à droite sur la défensive et à gauche à attaquer Dommartin-la-Chaussée. En conséquence, il renforce sa colonne de gauche par ses 3 bataillons du 2e régiment qui sont en réserve au sud-ouest de Champs et par les 2 batteries établies à l'ouest de cette même localité, batteries qui viennent prolonger au sud le groupe en position au nord-ouest de Saint-Julien.

A 8h 45, l'attaque du parti rouge se prononce de la façon suivante :

1 bataillon (régiment de droite, 85e brigade), direction Hagéville;

2 bataillons (régiment de gauche, 85e brigade), cote 245;

1 bataillon (régiment de gauche, 85e brigade), bois la Dame;

1er régiment de la 87e brigade, cote 245.

Le 2e régiment de la 87e brigade suit en réserve.

A droite, les 2 bataillons du régiment de droite maintiennent l'occupation de Dommartin-la-Chaussée et font face à la croupe au sud-est d'Hagéville.

Il est décidé que l'attaque du parti rouge réussit.

Peu d'instants après, l'attaque du parti bleu sur Dommartin se déclanche, la situation du parti est la suivante :

Brigade de droite :
- 1 bataillon au bois la Dame;
- 2 bataillons occupant les crêtes au sud-ouest de Champs;
- 5 bataillons se reformant en réserve à Champs;

Brigade de gauche : à l'attaque de Dommartin par le ravin, 1 kilomètre nord-ouest de Saint-Julien.

Cette attaque est prise à partie par le dernier groupe de l'A. C.22 du parti rouge; cependant elle réussit à enlever Dommartin.

Les troupes du parti rouge sont recueillies par 1 régiment de la 88e brigade qui vient s'établir au sud-est de Dampvitoux, le dernier régiment en réserve à Dampvitoux, tandis que l'A. D.44 et les 2 groupes de l'A. C.22 se retirent sur la croupe à l'ouest de la ferme de Marimbois.

Mais, après avoir enlevé Dommartin (9h 15), le commandant du parti bleu, avec les troupes de l'attaque qui n'ont pas été engagées, tente un retour offensif sur Hagéville.

Tandis que 1 régiment et 3 batteries sont maintenus à l'occupation de la position de Dommartin-la-Chaussée, les 5 autres bataillons se portent sur Hagéville en débouchant sur la crête au sud-ouest de cette localité. Cette attaque est soutenue par les 5 batteries qui étaient au nord-ouest de Saint-Julien et qui se sont portées sur la crête à l'ouest de cette localité, face à Hagéville. La brigade de droite reprend l'offensive.

Enseignements

Cet exercice avait pour but l'étude du combat de préparation, combat qui durera fort longtemps, beaucoup plus longtemps qu'on ne l'a supposé dans la manœuvre.

Au parti bleu, il a semblé que presque toutes les troupes avaient été engagées dès le début. Cela provient sans doute de la condition qui avait été imposée au commandant du parti d'opérer par petites colonnes. Si le parti rouge avait disposé de plus de forces, il est hors de doute que le parti bleu aurait été obligé de reculer, son chef n'ayant pas de réserves à sa disposition.

Il ressort également de cet exercice un inconvénient grave relatif à l'attribution de toute l'artillerie aux commandants des fractions subordonnées. Au moment où le commandant du parti bleu a voulu renforcer un point de sa ligne de bataille, il a été obligé de retirer une artillerie placée sous les ordres d'un certain chef pour la donner à un autre.

Cette nouvelle répartition de l'artillerie a nécessité une nouvelle répartition des objectifs. Ce changement eût été fort long et n'eût peut-être par réussi, étant donnée la dissémination des groupes.

Au parti rouge, l'artillerie n'a pas été assez manœuvrière; elle est restée sur ses positions du début, et ce n'est qu'en dernier lieu qu'un groupe de l'A. C. s'est porté vers la gauche pour soutenir et aider son infanterie, presque isolée jusque-là. L'artillerie, dont la mission essentielle consiste à aider l'infanterie, doit progresser avec celle-ci, voir le terrain des attaques et pour cela franchir les crêtes. Toutefois, ces batteries visibles doivent être gardées par des contre-batteries qui empêcheront l'artillerie ennemie de les annihiler.

Exercice du 22 février 1905

SITUATIONS PARTICULIÈRES

PARTI ROUGE

Situation particulière aux détachements de reconnaissance du 22e corps d'armée. — Le 21 février au soir, la situation des détachements de reconnaissance du 22e corps d'armée, qui, en exécution de l'ordre de l'armée, sont placés sous les ordres du commandant de la division provisoire de cavalerie, à partir de 5 heures du soir, est la suivante :

Division provisoire de cavalerie (21e et 22e brigades, moins 3 pelotons), Latour en Woëvre

1 groupe à cheval de 2 batteries de l'A. $C._{22}$. Latour-en-Woëvre.

1er régiment de la 86e brigade.	Détachement de Joinville (1 bataillon, 1 peloton de cavalerie), tient Latour-en-Woëvre et les passages de l'Yron au sud de cette localité. Détachement de Woël (1 bataillon, 1 peloton de cavalerie), Woël. Détachement d'Avillers (1 bataillon, 1 peloton de cavalerie), Avillers.
2e régiment de la 86e brigade (3 bataillons) 1 groupe monté de 3 batteries de l'A. D.$_{42}$	Viéville-sous-les-Côtes.

PARTI BLEU

Situation particulière à la 1re division (1). — Le 21 février au soir, la 1re division [2 brigades d'infanterie (à 2 régiments de 4 bataillons), 12 batteries, 1 régiment de cavalerie] est dans la situation suivante :

Le gros cantonne à la ferme Mariaville, Puxieux, Tronville et Vionville, couvert :

1° Par son avant-garde, qui occupe Sponville;

2° Par un détachement à Mars-la-Tour, qui tient Suzemont.

En exécution de l'ordre de l'armée, la 1re division doit attaquer le 22 février, à 7 heures du matin, dans la direction de Woël.

Exécution de la manœuvre

Des ordres donnés le 21 février au soir, résulte, pour le parti rouge, la situation suivante, le 22 février, à 7 heures du matin :

Division provisoire de cavalerie et artillerie à cheval.	Latour-en-Woëvre et Labeuville.	
1er régiment d'infanterie :	1er bataillon :	1 compagnie au bois de Sponville avec 1 section au lavoir; 1 compagnie à Latour-en-Woëvre; 2 compagnies à Jonville.
	2e et 3e bataillons à Jonville.	
Groupe d'artillerie montée au lavoir, 600 mètres est de Jonville.		
2e régiment d'infanterie :	2 bataillons à Woël; 1 bataillon à l'Espérance (au sud d'Avillers), avec 1 compagnie à Saint-Maurice-sous-les-Côtes.	
1 peloton de cavalerie à Saint-Hilaire;		
1 peloton de cavalerie à Champlon.		

L'intention du commandant du parti rouge est d'attaquer vers

(1) La 2e division du 1er corps est assez en arrière et n'a pu encore rejoindre la 1re division.

Suzemont et Sponville pour tromper l'ennemi sur la véritable valeur de son détachement. La division provisoire, avec l'aide de l'artillerie à cheval et de la compagnie d'infanterie de Latour-en-Woëvre, doit forcer le passage de l'Yron à Suzemont, tandis que le 1er bataillon du 1er régiment (3 compagnies), appuyé par le groupe monté, doit attaquer vers Sponville et se porter ensuite vers le nord pour faciliter le passage de la cavalerie.

Le 2e bataillon du 1er régiment va occuper le bois de Sponville et le 3e reste à Jonville.

Au parti bleu, d'après les ordres donnés pour le 22 février, la situation, à 7 heures du matin, doit être la suivante :

L'avant-garde (1 régiment d'infanterie et 1 groupe d'artillerie) occupe Sponville et doit attaquer Latour-en-Woëvre.

Le 2e régiment de la 1re brigade (cantonné à Mars-la-Tour et Suzemont) avec 1 groupe d'artillerie et 2 pelotons de cavalerie, doit occuper avec 1 bataillon la cote 206 (ouest de Suzemont), avec 1 bataillon la corne sud du bois La Tour, bois d'Hannonville, 2 bataillons en réserve au nord d'Hannonville vers la cote 230. Le groupe d'artillerie en surveillance à la cote 230.

La 2e brigade sera rassemblée dans le vallon à 1 kilomètre ouest de Mars-la-Tour, face à l'ouest. Les 2 groupes d'artillerie disponibles, en position d'attente, à l'est de 233 (2 kilomètres sud-ouest de Mars-la-Tour).

Le régiment de cavalerie doit être au Porcher (nord du bois La Censure) et se porter dans la direction Labeuville—Woël en se liant au 2e régiment de la 1re brigade.

A 6h 30 du matin, pendant que le parti bleu est en train de prendre les dispositions précédentes, l'infanterie rouge du bois de Sponville, soutenue par le groupe d'artillerie en position au nord du bois de Sponville, attaque dans la direction de Sponville, en même temps que la division de cavalerie se présente devant Suzemont, soutenue par ses deux batteries à cheval établies à l'ouest de Latour-en-Woëvre.

L'avant-garde du parti bleu, qui se disposait à attaquer Latour-en-Woëvre, laisse 1 bataillon à Sponville, soutenu par 1 groupe d'artillerie qui vient s'établir à la cote 225 (500 mètres nord de Sponville), et continue sa marche sur Latour-en-Woëvre en renforçant de 1 bataillon l'occupation de Suzemont.

L'artillerie bleue de 225 ouvre le feu sur l'artillerie ennemie du bois de Sponville, qui canonnait Sponville. Cette intervention entraîne la lutte entre ces deux groupes d'artillerie opposés.

La cavalerie rouge s'est heurtée à Suzemont à des forces d'infanterie importantes, tandis que son artillerie, à l'ouest de Latour-en-Woëvre, est prise à partie par le groupe bleu de la cote 230. En outre, ce groupe bleu dirige le feu d'une de ses batteries sur le groupe rouge de 225 (nord de Sponville). La cavalerie rouge se retire sur Labeuville à l'approche de l'infanterie ennemie s'avançant vers la cote 206 (ouest de Suzemont).

A ce moment (7 heures), le commandant du parti rouge envoie à son 2e régiment, à Woël, l'ordre de rejoindre à Jonville, en laissant 2 compagnies à Avillers; en même temps, il donne l'ordre au bataillon de Jonville d'occuper les croupes au sud-ouest de Latour-en-Woëvre.

A 7h 30, le 2e régiment du parti bleu s'avance sur Latour-en-Woëvre avec 1 bataillon débouchant de Suzemont, soutenu par 2 bataillons venant de la cote 230; le 4e bataillon de ce régiment continue à occuper la corne sud du bois La Tour.

Le parti rouge abandonne Latour-en-Woëvre et les batteries à cheval se replient sur les hauteurs de la rive droite de la Seigneulle (1.500 mètres nord de Jonville) et prennent pour objectif l'infanterie ennemie.

A 8 heures, la situation est la suivante :

PARTI ROUGE

1 bataillon engagé sur l'Yron, face à Sponville;

1 bataillon au bois de Sponville;

1 bataillon sur les croupes au sud-ouest de Latour-en-Woëvre;

Cavalerie à Labeuville;

Groupe à cheval: sur la rive droite de la Seigneulle (1.500 mètres nord de Jonville);

Groupe monté : au bois de Sponville.

PARTI BLEU

1er régiment:
- 1 bataillon à Sponville;
- 1 bataillon sur l'Yron, à l'ouest de la cote 235;
- 1 bataillon en réserve à l'est de cette même côte;
- Le 4e bataillon débouche de Suzemont et appuie l'attaque du 2e régiment.

1er groupe d'artillerie :	A la cote 225. Objectifs : l'artillerie du bois de Sponville et l'infanterie ennemie établie aux environs de ce bois.
2e régiment :	1 bataillon à Latour-en-Woëvre, mettant cette localité en état de défense; 2 bataillons en marche vers la croupe au sud-ouest de Latour-en-Woëvre; 1 bataillon à la corne sud du bois La Tour.
2e groupe d'artillerie :	2 batteries à la cote 230, 1 batterie accompagne l'attaque et se trouve vers la cote 206.

Cavalerie. — Manœuvre à l'ouest du bois La Tour cherchant à attirer la cavalerie ennemie sous le feu de l'infanterie.

2e brigade. — En marche, par des cheminements défilés, sur Suzemont.

Les 3e et 4e groupes d'artillerie toujours vers la cote 233.

Entre 8 heures et 8h 30, les troupes du 2e régiment du parti bleu continuent à s'avancer contre les hauteurs au sud-ouest de Latour-en-Woëvre. L'attaque est menée par 3 bataillons (2 du 2e régiment, 1 du 1er régiment). Ces troupes recevant des coups de feu partant des hauteurs à l'est de Labeuville, 1 bataillon de deuxième ligne y fait face et marche sur Labeuville. Les 2 autres bataillons sont arrêtés par les feux d'infanterie partant des hauteurs au sud-ouest de Latour-en-Woëvre et par les feux du groupe à cheval et de 2 batteries du groupe monté qui sont venues s'établir face au nord sur la croupe à l'ouest du bois de Sponville.

L'attaque du parti bleu est appuyée par le 2e groupe d'artillerie en batterie à la cote 206 et à la cote 218 (200 mètres nord de Latour-en-Woëvre).

Le groupe à cheval du parti rouge est obligé de se retirer vers la cote 229 (ouest de Jonville). La cavalerie abandonne Labeuville et va occuper les lisières des bois de Montelle et de Moulotte.

Vers 8h 45, le parti bleu occupe la ferme Trelle (sud de Labeuville), tandis qu'au parti rouge, le 2e régiment arrive à Jonville. Ce régiment occupe Jonville par 1 bataillon et envoie 1 bataillon au bois de La Vachère et au bois à l'est.

A 9 heures, le commandant du parti bleu donne l'ordre au 2e régiment de continuer sa marche sur Jonville, aidé par le bataillon du bois La Tour. Le 2e groupe d'artillerie qui était déjà à sa disposition et le 3e groupe qui est venu à la cote 230 participeront à l'attaque.

La brigade de réserve du parti bleu vient à la cote 206.

A ce moment, le parti rouge a été obligé de céder au parti bleu le passage de l'Yron à hauteur de Sponville. 2 bataillons se retirent sur le bois des Haravillers et le bois des Haudronville-Bas, sous la protection de 1 bataillon qui tient le bois de Sponville.

Le groupe monté vient à la cote 229 (ouest de Jonville).

Entre 9 heures et 9h30, le 1er régiment du parti bleu est arrêté devant le bois de Sponville, le premier groupe d'artillerie est toujours à 225, canonnant le bois de Sponville.

Le 2e régiment du parti bleu est arrêté devant les croupes, au sud-ouest de Latour-en-Woëvre, avec un groupe à 218 et un groupe à 205 (est de Labeuville).

Vers 9h 30, le commandant du parti bleu donne l'ordre à la 2e brigade (moins deux bataillons qui restent en réserve) de déboucher entre les cotes 205 et 218 et de prononcer une attaque décisive sur les hauteurs au sud-ouest de Latour-en-Woëvre. Le quatrième groupe d'artillerie est chargé d'accompagner cette attaque.

Enseignements

Le rôle du parti rouge était nettement défini : il devait, avec un faible effectif, retarder l'ennemi, l'obliger à déployer ses forces pour lui faire perdre du temps. Mais les moyens employés n'ont pas toujours répondu à la conception. En effet, il devait faire du volume, et pour cela prendre de grands fronts, particulièrement pour l'artillerie, qui est restée beaucoup trop groupée.

Cette artillerie aurait dû agir par batteries isolées, chaque batterie s'étalant largement sur le terrain, pour faire croire à l'ennemi qu'il y avait quatre batteries là où il n'y en avait qu'une. De cette façon, les cinq batteries du parti rouge auraient pu faire supposer à l'ennemi qu'elles étaient au nombre de vingt.

Au parti bleu, l'idée qui a dirigé la manœuvre était juste : avancer par la droite, de façon à tourner l'ennemi. Mais l'action a été menée un peu trop mollement. Il eût été préférable de jeter à droite le gros des forces, une brigade par exemple, de ne conserver en réserve qu'un régiment, l'autre régiment agissant dans le secteur sud.

Quant à l'artillerie, sur les 12 batteries dont disposait le parti, 6 sont restées, pour ainsi dire, en réserve, pendant toute l'action. C'était donc que la proportion d'artillerie affectée au parti bleu était trop forte, puisqu'on n'a pas trouvé le moyen de l'utiliser toute. Cette situation fait bien ressortir la difficulté qu'éprouveraient les généraux de division pour utiliser toute l'artillerie qui leur serait attribuée, si l'artillerie de corps venait à être supprimée.

En l'occasion, le commandant du parti s'est constitué une sorte de réserve d'artillerie, qu'il a jetée dans le combat à l'endroit où il voulait produire la décision. Il a donc agi comme le ferait un commandant de corps d'armée avec son artillerie de corps.

Exercice du 15 mars 1905

SITUATIONS PARTICULIÈRES

PARTI ROUGE

Situation particulière à la 42e division. — Dans la nuit du 14 au 15 mars, l'avant-garde du 22e corps d'armée a relevé le 21e corps d'armée sur le front Lachaussée—Dommartin-la-Chaussée.

Le 15 au matin, le 21e corps d'armée occupe avec sa 41e division, le front Charey—la ferme Mon-Plaisir—Rembercourt-sur-Mad. Le gros de cette division est rassemblé dans le ravin du Rupt, sur le chemin Xammes—Charey.

La 42e division, qui a été relevée par le 21e corps d'armée, est rassemblée le 15 au matin à Jaulny; elle est couverte par des détachements dans le bois de Grand-Fontaine; ces détachements sont au contact de l'ennemi sur le chemin de Rembercourt-sur-Mad à la ferme de Souleuvre. Elle a pour mission d'arrêter et de repousser l'ennemi sur le front du bois de Grand-Fontaine—ferme Tautecourt.

Le détachement de reconnaissance de la ferme Tautecourt (un

bataillon du 23e corps d'armée, une batterie du 23e corps d'armée, deux pelotons de cavalerie), passe sous les ordres du général commandant la 42e division; il tient la ferme Tautecourt et les hauteurs au nord et au sud de cette localité, se reliant au 23e corps d'armée, au bois Robert.

L'artillerie de corps se trouve au rassemblement du gros de la 42e division et est mise à la disposition du commandant de cette division.

Cet exercice a pour but l'étude de l'engagement de la 42e division.

PARTI BLEU

Situation particulière à la 5e division. — En exécution de l'ordre de l'armée, la 5e division doit attaquer, le 15 mars à 6h 30 du matin, dans la direction de Thiaucourt, et la 6e division doit attaquer, à la même heure, dans la direction de Viéville-en-Haye.

Cet exercice a pour but l'étude de l'engagement de la 5e division.

Exécution de la manœuvre

La situation des partis, le 15 mars, à 6h 30 du matin, est la suivante :

PARTI ROUGE

La 42e division (moins 4 bataillons) est à Jaulny avec l'A. $C._{21}$ (moins le groupe à cheval).

Un régiment d'infanterie est dans le bois de Grand-Fontaine; sa première ligne atteint le chemin de Rembercourt-sur-Mad et la ferme de Souleuvre.

Le détachement de couverture (un bataillon de la 89e brigade du 23e corps d'armée, une batterie de l'A. $D._{45}$, deux pelotons de l'escadron divisionnaire de la 45e division) tient la ferme Tautecourt et les bois au nord; il a été renforcé par le groupe à cheval de l'A. $C._{21}$.

Un bataillon détaché du gros de la division est au bois Robert.

Le gros de la division et l'A. $C._2$ ont l'ordre de venir se masser à l'ouest de la cote 318 (1 kilomètre ouest de la ferme Tautecourt).

PARTI BLEU

<table>
<tr><td rowspan="2">Avant-garde.</td><td>1er régiment :</td><td>1 bataillon à la Remise (2 kilomètres ouest de Prény) surveillant les débouchés du bois de Grand-Fontaine ;
1 bataillon à la ferme Souleuvre ;
1 bataillon à la ferme Sainte-Marie ;
1 bataillon en réserve dans le vallon à 1 kilomètre nord-est de la ferme Souleuvre.</td></tr>
<tr><td colspan="2">1er groupe d'artillerie avec le bataillon de réserve.</td></tr>
<tr><td>Gros.</td><td colspan="2">En colonne sur la route Pagny-sur-Moselle—Prény—Thiaucourt, la tête à 1 kilomètre de la sortie de Prény.</td></tr>
<tr><td>Ordre de marche.</td><td colspan="2">1 bataillon ;
2e groupe d'artillerie ;
3 bataillons ;
3e et 4e groupes d'artillerie ;
2e brigade.</td></tr>
</table>

Cavalerie. — (4 escadrons) à la ferme de la Grange-en-Haye, surveillant les directions de Rembercourt-sur-Mad—Jaulny et Thiaucourt.

L'avant-garde du parti bleu doit, à 6h 30, reprendre l'attaque de la ferme Tautecourt ; le bataillon de la ferme Souleuvre, qui a marché sur la ferme Tautecourt, est reçu à son débouché par des feux violents partant de la ferme Tautecourt et des bois au nord.

La cavalerie bleue rend compte également qu'elle n'a pu traverser le bois de Grand-Fontaine, qui est occupé par l'infanterie ennemie, et que cette infanterie s'avance pour border la lisière nord-est du bois de Grand-Fontaine.

Et, en effet, le commandant du parti rouge a prescrit au régiment du bois de Grand-Fontaine de pousser de fortes reconnaissances dans la direction de La Grange-en-Haye, pour essayer de reconnaître l'ennemi qui peut se trouver dans cette direction. En même temps, il donne l'ordre à l'artillerie qui est à la ferme Tautecourt de s'établir au nord et au sud de cette ferme pour battre les débouchés de la ferme de Souleuvre. Une batterie s'établit à l'ouest de la ferme Tautecourt et tire sur les débouchés des bois, les deux batteries à cheval de l'A. $C._{21}$ se mettent en batterie au nord du bois Robert et surveillent la hauteur à l'ouest de la ferme Souleuvre.

Tandis qu'au parti bleu, le bataillon de la ferme Sainte-Marie va occuper les lisières ouest de la forêt de Venchères, le premier groupe de l'artillerie de ce parti se porte vers la ferme Sainte-Marie et envoie une batterie vers la corne nord-ouest de la forêt de Venchères. Cette batterie prend pour objectif la ferme Tautecourt.

Le deuxième groupe d'artillerie a été appelé à la ferme Souleuvre, avec ordre de s'établir à l'ouest de cette ferme et de tirer sur le bois Robert.

Le 2e régiment bleu, qui marche en tête de la colonne, est dirigé sur la ferme Sainte-Marie, et le reste de la colonne continue sa marche sur la route Prény—Thiaucourt.

Entre 7h 30 et 7h 45 du matin, la situation est la suivante :

PARTI ROUGE

1 régiment d'infanterie borde les lisières est du bois de Grand-Fontaine.

3e régiment :
- 1 bataillon à la ferme Tautecourt, plus 1 bataillon de la 89e brigade;
- 1 bataillon au bois Robert;
- 1 bataillon en réserve vers 318.

1 batterie (A. D.${}_{45}$) à l'ouest de la ferme Tautecourt.

2 batteries à cheval au sud de cette ferme.

Le reste (2e et 4e régiments, A. D.${}_{42}$, 3 groupes montés de l'A. C.${}_{21}$) en réserve à l'ouest de 318.

PARTI BLEU

1er régiment :
- 1 bataillon venu de la remise à la ferme La Grange-en-Haye;
- 1 bataillon à la remise (1 bataillon de réserve);
- 1 bataillon en marche sur la ferme de Tautecourt;
- 1 bataillon à la lisière ouest de la forêt de Venchères.

2e régiment, atteint avec sa tête la ferme Sainte-Marie.

1er groupe d'artillerie :
- 1 batterie à la corne nord de la forêt de Venchères;
- 2 batteries à la ferme Sainte-Marie.

2e groupe d'artillerie, en batterie, à l'ouest de la ferme Souleuvre.

Gros. . . . . 2e brigade, 3e et 4e groupes d'artillerie en marche sur la route de Prény à Thiaucourt, la tête à 1 kilomètre ouest de Prény.

Cavalerie. — Couvre la droite au nord de La Grange-en-Haye.

A ce moment, le commandant du parti bleu, apprenant que l'ennemi borde les lisières est du bois de Grand-Fontaine, donne le commandement des troupes au nord de la route Prény—Thiaucourt au colonel commandant le régiment de cavalerie qui dispose des deux bataillons de La Grange-en-Haye et de la Remise, et en outre d'un bataillon du gros et du troisième groupe d'artillerie. La mission de ce groupement est d'arrêter toute offensive ennemie venant du bois de Grand-Fontaine.

Enfin, le 2e régiment bleu reçoit l'ordre de marcher sur la ferme Tautecourt, par le ravin de Sainte-Marie.

Le gros (2e brigade, moins un bataillon, et un groupe d'artillerie) doit venir en réserve à 1 kilomètre nord-est de la ferme Souleuvre.

Au parti rouge, le commandant du parti, apprenant que ses troupes ont pu border les lisières est du bois de Grand-Fontaine, donne le commandement des troupes de ce bois au général commandant la première brigade, qui avec son 2e régiment et toute l'A. $D._{42}$ devra se porter sur La Grange-en-Haye et se rabattre ensuite vers le sud.

En outre, il veut maintenir l'occupation de la ferme Tautecourt jusqu'à ce que le mouvement offensif par la gauche ait produit son action; en conséquence, il renforce par un bataillon de la réserve l'occupation de la ferme Tautecourt, et les premier et deuxième groupes de l'A. $C._{21}$ viennent s'établir, l'un à l'ouest de la ferme Tautecourt, et l'autre au nord du bois Robert.

Il conserve en réserve un régiment et le troisième groupe de l'A. $C._{21}$.

Pendant que ces ordres s'exécutent, le régiment rouge du bois de Grand-Fontaine a continué à progresser par sa gauche et, vers 8h 15, il parvient à se rendre maître de la ferme de La Grange-en-Haye. Mais, à ce moment, il trouve en face de lui la cavalerie bleue qui occupe les lisières du bois du Fond-du-Chamois, un bataillon à la ferme Sébastopol, deux bataillons à la Remise et le troisième groupe d'artillerie bleue en batterie à l'ouest de Prény.

Le débouché à l'est du bois de Grand-Fontaine étant assuré, les deux groupes de l'A. $D._{42}$, escortés par deux pelotons de cavalerie, reçoivent l'ordre de se porter en avant pour soutenir l'infanterie de La Grange-en-Haye.

De ce côté, le combat reste stationnaire jusqu'à l'arrivée de l'artillerie.

Vers 9h 15, cette artillerie installe un groupe au sud-ouest de la ferme de La Grange-en-Haye pour prendre à partie le troisième groupe bleu au sud-ouest de Prény. Le deuxième groupe de l'A. $D._{42}$ reste en position d'attente à la sortie du bois.

Au sud, le 2e régiment bleu progresse lentement par le ravin de la ferme Sainte-Marie, retardé par les feux de l'artillerie rouge de la ferme Tautecourt. Ordre est alors donné à deux bataillons de réserve de se porter sur la ferme Sainte-Marie, en soutien du 2e régiment, pour attaquer le bois Robert.

Cette attaque sera appuyée par la batterie en position à la corne nord-ouest de la forêt de Venchères, par les deux autres batteries du premier groupe et le deuxième groupe établis sur la croupe à l'ouest de la ferme de Souleuvre.

Le commandant du parti rouge, voyant le renforcement progressif de la gauche ennemie, dirige deux bataillons de son régiment de réserve dans les bois à l'est de la cote 318, pour marcher ensuite vers le sud-est et contre-attaquer les troupes ennemies s'avançant sur le bois Robert, depuis la lisière nord de la forêt de Venchères.

Cette contre-attaque est soutenue par le troisième groupe de l'A. $C._{21}$, qui est venu s'établir dans la clairière au nord de la ferme Tautecourt.

L'attaque du 2e régiment bleu, renforcé par trois bataillons (1 bataillon du premier régiment et 2 du troisième), se produit vers 10 heures du matin; devant la contre-attaque lancée par le parti rouge, cette action reste indécise.

Mais, à cette même heure, le 2e régiment de la première brigade rouge a atteint la lisière est du bois de Grand-Fontaine. Couvert à gauche par le 1er régiment, il s'avance par la lisière est de ces bois, accompagné par le deuxième groupe de l'A. $D._{42}$, qui vient se mettre en batterie à l'ouest de la croupe de la Remise, contre le bois, abrité des feux de l'infanterie ennemie de la Remise par cette croupe même.

La réserve bleue (5 bataillons), qui se trouve à 1 kilomètre nord-est de la ferme Souleuvre, riposte à cette attaque en occupant les lisières des bois face au nord et les pentes ouest de la hauteur de Prény, tandis que le quatrième groupe bleu vient se mettre en batterie sur le plateau au nord-est de la ferme Souleuvre.

Enseignements

Bien que, pendant l'exercice, on ait cherché à tenir compte du temps nécessaire pour l'arrivée des renseignements, pour l'envoi des ordres et leur transmission, ainsi que pour leur exécution, le combat n'en a pas moins marché très vite, et il est certain qu'il aurait duré non pas une matinée, mais toute la journée.

En ce qui concerne l'emploi des forces, chaque commandant de parti a eu son idée et son plan. Cependant, le régiment de cavalerie bleue, jeté à droite, ne pouvait avoir de terrain d'action, puisqu'il devait opérer dans les bois, où la moindre force d'infanterie pouvait l'arrêter. Et c'est ce qui est arrivé. Il eût été préférable de placer cette cavalerie à gauche, et, puisque le commandant du parti avait l'intention d'opérer de ce côté, la cavalerie eût pu rendre des services réels, particulièrement au moment de l'attaque du bois Robert.

De part et d'autre, avec juste raison, on a formé des groupements sous un commandement temporaire, ce qui assurait l'unité d'action et la convergence des efforts en ces points du champ de bataille. Cette disposition est à recommander.

Quant à l'infanterie, elle a été obligée de prendre ses formations d'attaque dans des terrains boisés, ce qui est bien plus difficile qu'en terrain découvert, attendu que la liaison entre les diverses unités ne peut pas s'établir par la vue, et que, par suite, il peut en résulter un certain décousu dans l'attaque à son débouché des bois.

En ce qui concerne l'artillerie, il y a à remarquer la concentration de l'artillerie rouge dans les environs de la ferme Tautecourt, tandis que l'artillerie bleue était assez disséminée. Cette situation rendait la répartition du feu particulièrement difficile au parti bleu. Aussi, son artillerie n'a-t-elle pas produit toute l'action désirable.

Enfin, bien que le terrain soit couvert, il ne faut pas que l'artillerie reste inactive, sous prétexte que les emplacements de batterie font défaut. Il faut que l'artillerie, par un moyen quelconque, arrive à s'employer; elle doit entrer résolument sous bois, couper les arbres, si c'est nécessaire, et se mettre en batterie sur les lisières.

Une artillerie dans cette situation ne s'aperçoit pas très bien, et, par suite, les tirs dirigés contre elle sont très difficiles à régler.

Exercice du 22 mars 1905

SITUATIONS PARTICULIÈRES

PARTI ROUGE

Situation particulière au 23e corps d'armée. — En exécution des ordres de l'armée, le commandant du 23e corps d'armée a donné les ordres suivants :

I. — Renseignements sur l'ennemi, situation de l'armée, mission du corps d'armée. Comme dans le thème.

II. — *a*) L'avant-garde de Thiaucourt (89e brigade [4 bataillons d'infanterie], A. $D._{45}$ [moins 2 batteries]) renforcera le détachement de reconnaissance de Viéville-en-Haye (1 bataillon de la 89e brigade, 1 batterie de l'A. $D._{45}$, 2 pelotons de cavalerie de l'escadron divisionnaire de la 45e division).

Zone d'action. — Du bois Robert exclu (liaison avec le 21e corps d'armée) à la lisière sud des bois de la Rappe et le Fossé (liaison avec la 90e brigade);

b) La 90e brigade (5 bataillons d'infanterie) avec l'A. $C._{23}$ (moins 1 batterie) et 2 escadrons de cavalerie, sous les ordres du général commandant la 45e division, renforceront le détachement de reconnaissance de Regniéville-en-Haye (1 bataillon de la 90e brigade, 1 batterie montée de l'A. $C._{23}$, 2 pelotons de l'escadron divisionnaire de la 46e division). Ce détachement aura pour mission d'arrêter et de rejeter vers l'est les troupes ennemies signalées le 21 mars au soir à Fey-en-Haye et sur la croupe au sud-ouest de cette localité.

Zone d'action. — De la lisière sud des bois de la Rappe et le Fossé (liaison avec la 89e brigade) à la route Limey—Pont-à-Mousson incluse.

Bien que la 92e brigade opère à la droite de la 90e, celle-ci devra néanmoins se couvrir elle-même sur son flanc droit.

Cantonnements occupés. — 90e brigade et A. $C._{23}$, Pannes, Essey, Maizerais. 2 escadrons de cavalerie, Flirey, avec la brigade de cavalerie du corps d'armée;

c) La 92e brigade (5 bataillons d'infanterie) avec l'A. $D._{46}$ (moins 1 batterie) et la 23e brigade de cavalerie (moins 2 escadrons), sous les ordres du général commandant la 46e division, renforceront le détachement de Lironville (1 bataillon de la 92e brigade, 1 batterie de l'A. D.$_{46}$, 2 pelotons de l'escadron divisionnaire de la 46e division), et auront pour mission de couvrir le flanc droit de l'armée contre les troupes signalées vers Martincourt.

Cantonnements occupés. — 92e brigade, Richecourt, Marvoisin, Xivray; A. D.$_{46}$, Lahayville avec l'infanterie de la 91e brigade. Brigade de cavalerie, Flirey;

d) La 91e brigade (6 bataillons cantonnés à Saint-Baussant, Lahayville et Seicheprey) se portera en réserve générale vers la cote 254 (1 kilomètre est d'Euvezin).

Itinéraire. — Saint-Baussant, Essey, chemin de terre d'Essey à la cote 254 (rive droite du Rupt-de-Mad);

e) Le détachement de reconnaissance de la ferme Tautecourt (1 bataillon de la 89e brigade, 1 batterie de l'A. D.$_{45}$, 2 pelotons de l'escadron divisionnaire de la 45e division) passe sous les ordres du commandant du 21e corps d'armée.

III. — Toutes les colonnes se mettront en mouvement à 5 heures du matin, sauf la 92e brigade (5 bataillons) et l'A. D.$_{46}$, qui quitteront leurs cantonnements à 4 heures du matin.

IV. — Le général commandant le corps d'armée sera à 5h 30 du matin au carrefour des routes Thiaucourt, Regniéville-en-Haye et Euvezin, Viéville-en-Haye.

Cet exercice a pour but l'étude de l'engagement des troupes placées sous les ordres du général commandant la 45e division.

PARTI BLEU

Situation particulière aux 7e et 8e divisions. — Pour l'exécution de l'ordre de l'armée, la 7e division attaquera, le 22 mars, à 6h 30 du matin, dans la direction de Regniéville-en-Haye, et la 8e division, à la même heure, poursuivra sa marche sur Lironville et Flirey, de façon à déborder la droite ennemie.

Cet exercice a pour but l'étude de l'engagement de la 7e division.

Exécution de la manœuvre

A 6h 30 du matin, la situation des deux partis est la suivante :

PARTI ROUGE

Le gros du parti rouge (5 bataillons d'infanterie de la 90e brigade, A. C.28 [moins 1 batterie]) est en colonne sur la route Pannes, Euvezin, Remenauville. La tête d'avant-garde, qui a passé à 5h 30 du matin au carrefour 246 (2 kilomètres est de Pannes), pénètre à 6h 30 dans le bois d'Euvezin.

Ordre de marche :

Avant-Garde : { 1 bataillon; 2 batteries à cheval.

Distance : 1.200 mètres.

Gros. . . . . { 1 bataillon; 1er groupe d'artillerie; 2 bataillons; 2e et 3e groupes d'artillerie (moins 1 batterie); 1 bataillon.

Cavalerie. — Deux escadrons à Limey.

Détachement de reconnaissance.

1 bataillon de la 90e brigade : { 1 compagnie dans Regniéville-en-Haye; 3 compagnies occupant la croupe au sud-est de cette localité.

La batterie est en surveillance sur le mamelon, au nord-est de Regniéville.

1 peloton de cavalerie couvre la gauche;

1 peloton de cavalerie occupe Remenauville.

PARTI BLEU

Avant-garde : { 1 bataillon du 1er régiment sur la croupe 330 (2 kilomètres sud-ouest de Fey-en-Haye) et à la bifurcation des routes, 1.300 mètres ouest de Fey-en-Haye; 1 bataillon du 1er régiment et 1 peloton de cavalerie au bois Frière (en liaison avec le 3e corps d'armée); Le gros (2 bataillons du 1er régiment, 1er groupe d'artillerie) à l'est de Fey-en-Haye.

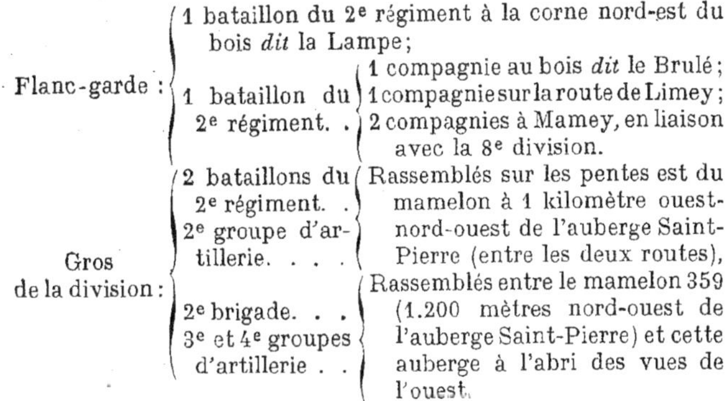

Flanc-garde :	1 bataillon du 2e régiment à la corne nord-est du bois *dit* la Lampe;	
	1 bataillon du 2e régiment. .	1 compagnie au bois *dit* le Brulé; 1 compagnie sur la route de Limey; 2 compagnies à Mamey, en liaison avec la 8e division.
Gros de la division :	2 bataillons du 2e régiment. . 2e groupe d'artillerie. . . .	Rassemblés sur les pentes est du mamelon à 1 kilomètre ouest-nord-ouest de l'auberge Saint-Pierre (entre les deux routes),
	2e brigade. . . 3e et 4e groupes d'artillerie . .	Rassemblés entre le mamelon 359 (1.200 mètres nord-ouest de l'auberge Saint-Pierre) et cette auberge à l'abri des vues de l'ouest.

Cavalerie (3 escadrons) rassemblée à la lisière est du bois *dit* le Brûlé.

L'intention du commandant du parti bleu est de pousser par sa gauche, en faisant avancer sur Remenauville, par les mamelons au nord et au sud de Limey, sa flanc-garde soutenue par le reste du 2e régiment et le deuxième groupe d'artillerie, tandis que le régiment de cavalerie cheminera par la lisière nord du bois le Brûlé. A droite, l'avant-garde se tiendra prête à repousser toute attaque ennemie débouchant entre le bois le Brûlé et la région boisée au nord de Regniéville-en-Haye, tout en faisant reconnaître Regniéville-en Haye.

Au parti rouge, en attendant l'arrivée du gros de la colonne, le détachement de reconnaissance de Regniéville-en-Haye doit s'organiser dans cette localité, pousser des reconnaissances sur le bois Frière et Fey-en-Haye; la cavalerie de Remenauville et Limey doit tâter les bois de la Chambrotte et du Haut-Chemin.

Les comptes rendus adressés au commandant du parti rouge à la suite de l'exécution de ces ordres lui apprennent que les avant-postes ennemis de Fey-en-Haye sont restés en place, que des reconnaissances ennemies sont dirigées de Fey-en-Haye sur Regniéville, et enfin que des forces d'infanterie ennemie sont en marche vers l'ouest à travers les bois le Brûlé et la Chambrotte.

En conséquence, le commandant du parti rouge, afin d'arrêter les troupes ennemies qui semblent s'avancer sur Remenauville, envoie le groupe à cheval, qui marche à l'avant-garde, s'établir sur la croupe à 1 kilomètre nord-ouest de Remenauville. Chaque batterie charge sur ses voitures une section d'infanterie. Ces deux sections doivent aller occuper Remenauville.

Pendant ce temps, le parti bleu prend ses dispositions pour attaquer, d'une part, Regniéville-en-Haye et, d'autre part, Remenauville. En conséquence, le premier groupe d'artillerie va s'établir sur la hauteur de la Croix-des-Carmes (1.200 mètres nord-est de Fey-en-Haye); une batterie ouvre le feu sur Regniéville-en-Haye, les deux autres surveillent la région comprise entre Regniéville-en-Haye et le bois le Fossé. En outre, un bataillon de la réserve de l'avant-garde débouche de Fey-en-Haye, en marche sur Regniéville.

A gauche, un bataillon du 2e régiment atteint les pentes du plateau à l'ouest du bois de la Chambrotte, soutenu par un second bataillon qui marche en arrière et à gauche. Un bataillon et demi du 2e régiment est en réserve à la corne nord-est du bois la Lampe. Une batterie du 2e groupe d'artillerie vient s'établir sur la croupe, au sud-est de la cote 330 et ouvre le feu sur Remenauville; les deux autres batteries du groupe sont en position d'attente près de la réserve de la flanc-garde.

Le gros de la cavalerie bleue cherche à déboucher sur Remenauville par les ravins au nord du bois de la Chambrotte, deux pelotons restent en soutien de l'artillerie du bois le Brûlé, un peloton est allé à Mamey pour assurer la liaison avec la 8e division, tandis que les deux compagnies d'infanterie de Mamey ont pris pour objectif le plateau à l'ouest du bois du Haut-Chemin.

Au parti rouge, les deux batteries à cheval sont arrivées sur la position de batterie qui leur a été assignée au nord-ouest de Remenauville; l'une d'elles prend pour objectif l'infanterie s'avançant sur le plateau au sud-est de Remenauville, et l'autre, l'artillerie ennemie du bois le Brûlé.

Le bataillon d'avant-garde de la colonne rouge a poursuivi sa marche sur Remenauville et, à 7^{h} 15, ce bataillon est tout entier aux abords de cette localité. Le premier groupe d'artillerie qui marchait en tête du gros rejoint le groupe à cheval et s'établit à sa droite.

Le bataillon tête du gros est dirigé depuis la lisière sud du bois d'Euvezin sur la ferme d'Assoncourt et de là sur Limey.

Le bataillon suivant va renforcer l'occupation de Regniéville.

Enfin, les deux derniers bataillons doivent venir en réserve à la cote 307 (sud-ouest du bois du Four) avec le deuxième groupe de l'A. $C._{23}$, tandis que les deux dernières batteries du troisième groupe de l'A. $C._{23}$ vont renforcer la batterie de ce groupe établie au nord-ouest de Regniéville-en-Haye.

Par suite des dispositions prises par le parti rouge, lorsque, au nord, le premier groupe bleu de la Croix-des-Carmes a ouvert le feu sur Regniéville-en-Haye, il a été contrebattu d'abord par la batterie rouge, établie au nord-ouest de cette localité, puis par les deux autres batteries du groupe, qui sont venues la renforcer.

L'infanterie bleue qui, de Fey-en-Haye, marche sur Regniéville, a été arrêtée par les feux de l'artillerie et par ceux de l'infanterie partant de la croupe au sud-est de Regniéville.

Enfin, quand la batterie bleue du bois le Brûlé a tiré sur Remenauville, elle a été prise à partie par l'artillerie à cheval rouge en batterie au nord-ouest de Remenauville.

Quant à la cavalerie bleue, elle s'est portée sur Limey par le Fond-des-Quatre-Vents, et elle a été accueillie par des coups de feu partant des lisières de cette localité.

En résumé, entre 7h 45 et 8 heures, la situation est la suivante :

PARTI ROUGE

<table>
<tr><td rowspan="2">Secteur nord :</td><td colspan="2">2 bataillons à Regniéville-en-Haye et sur la croupe au sud-est de cette localité;</td></tr>
<tr><td colspan="2">3e groupe d'artillerie, en batterie au nord-est de Regniéville. Objectif : artillerie de la Croix-des-Carmes.</td></tr>
<tr><td rowspan="4">Secteur sud :</td><td colspan="2">1 bataillon à Remenauville;</td></tr>
<tr><td colspan="2">1 bataillon en marche de la ferme d'Assoncourt sur Limey;</td></tr>
<tr><td colspan="2">2 escadrons à Limey.</td></tr>
<tr><td>1 groupe d'artillerie (groupe à cheval). . .</td><td>En batterie sur la croupe au nord-ouest de Remenauville. Objectifs : artillerie du bois le Brûlé et infanterie, sur le plateau, à l'ouest du bois de la Chambrotte.</td></tr>
</table>

En réserve, vers la cote 307, 2 bataillons et deuxième groupe d'artillerie.

PARTI BLEU

Avant-garde :	1 bataillon au bois Frière; 1 bataillon sur la croupe de la cote 330; 1 bataillon en marche sur Regniéville-en-Haye; 1 bataillon à Fey-en-Haye; 1 groupe d'artillerie à la Croix-des-Carmes. Objectif : artillerie au nord-ouest de Regniéville-en-Haye.
Flanc-garde :	1 bataillon sur les pentes du plateau, à l'ouest du bois de la Chambrotte; 1 bataillon en arrière et à gauche du précédent; 2 compagnies en marche de Mamey sur le plateau, à l'ouest du bois du Haut-Chemin; 1 bataillon et demi en réserve, à la corne nord-est du bois la Lampe; 1 batterie du 2e groupe en batterie sur la croupe, au sud-est de 330. Objectif : Remenauville ; 2 batteries du 2e groupe avec la réserve.
Gros	2e brigade. . . 3e et 4e groupes d'artillerie. . — Rassemblés à l'ouest du carrefour de l'auberge Saint-Pierre.

A ce moment, le commandant du parti bleu apercevant des colonnes ennemies marchant de la ferme d'Assoncourt sur Limey, donne l'ordre au 3e régiment d'infanterie et au troisième groupe d'artillerie de venir occuper le plateau à l'ouest du bois du Haut-Chemin. Le troisième groupe d'artillerie se porte à vive allure sur la position qui lui est indiquée et l'occupe sous la protection des deux compagnies venues de Mamey. Ce groupe ouvre le feu sur l'artillerie ennemie établie au nord-ouest de Remenauville.

En outre, le deuxième groupe de l'artillerie rouge étant venu s'établir à la cote 322 (sud-est du bois du Four) et ayant ouvert le feu sur la batterie bleue du bois le Brûlé, le reste du deuxième groupe bleu (2 batteries) s'établit vers la cote 348 (corne nord-est du bois la Lampe) et entre en lutte avec l'artillerie ennemie de la cote 322.

Le commandant du parti rouge, ayant rendu compte au commandant du 23e corps d'armée qu'il se trouvait en présence de forces ennemies importantes évaluées à au moins une division, reçoit avis que la 91e brigade d'infanterie (6 bataillons) rassemblée à la cote 254 (1 kilomètre est d'Euvezin) est mise à sa disposition.

En conséquence, ordre est donné aux deux bataillons rouges qui étaient en réserve à la cote 307 de se porter sur la ferme d'Assoncourt et de là sur Limey; ordre est envoyé au 1er régiment de la 91e brigade de marcher sur la ferme de Robert-Ménil, et au 2e régiment de cette brigade de venir en réserve à la cote 307.

Pendant que ces mouvements s'exécutent, le commandant du parti bleu met sous les ordres du commandant de la 2e brigade les troupes composant la flanc-garde, ainsi que la 2e brigade, moins deux bataillons qui resteront en réserve générale à la corne nord-est du bois la Lampe. Avec ces troupes et le quatrième groupe d'artillerie, le commandant de la 2e brigade reçoit l'ordre de prononcer une attaque décisive sur Remenauville.

Le 3e régiment d'infanterie bleue, qui se portait sur le plateau du bois du Haut-Chemin, l'a occupé par deux bataillons; le 4e régiment est appelé dans le Fond-des-Quatre-Vents, pour prononcer l'attaque sur Remenauville par le ravin au nord-ouest du bois de la Chambrotte, tandis que le quatrième groupe d'artillerie vient s'établir au sud-ouest de la cote 330 et prépare l'attaque de Remenauville.

Cette attaque sera gardée à gauche contre des troupes pouvant déboucher de Limey par les deux bataillons du 3e régiment du plateau à l'ouest du bois du Haut-Chemin et par le groupe d'artillerie établi sur ce même plateau.

Le commandant du parti rouge, ayant constaté des mouvements de troupes ennemies dans le bois de la Chambrotte, envoie l'ordre au 1er régiment de la 91e brigade, qui sera renforcé par les deux bataillons de la 90e brigade de la ferme d'Assoncourt, de prononcer une contre-attaque sur les troupes ennemies qui déboucheraient du bois de la Chambrotte. Le groupe à cheval est désigné pour accompagner cette attaque.

Entre 9h 15 et 9h 30, l'attaque bleue comprenant 2 bataillons du 4e régiment, 2 bataillons du 3e et 4 bataillons du 2e, débouche du bois de la Chambrotte, à cheval sur la croupe 302, appuyée par le quatrième groupe d'artillerie en batterie au sud-ouest de la cote 330.

Les deux bataillons du 4e régiment, réserve générale du parti bleu, viennent sur la route de Limey au Fond-des-Quatre-Vents.

La contre-attaque rouge s'avance dans la direction de la cote 302, une batterie à cheval est en batterie au sud et contre Regniéville, l'autre sur les pentes sud ouest de la croupe 302.

Enseignements

L'idée qui a guidé le commandant du parti bleu était bonne : maintenir l'ennemi à sa droite et porter tout l'effort à gauche pour percer sur Remenauville. Il y avait donc deux secteurs distincts sur le champ de bataille; il eût été nécessaire de désigner des commandants de ces secteurs, en sorte que le commandant du parti n'aurait eu qu'à donner ses ordres à deux chefs et non aux commandants des différentes armes. Cette manière de procéder simplifie considérablement le travail et permet aussi une utilisation meilleure de toutes les forces.

L'infanterie a été convenablement utilisée dans les deux partis. Au parti bleu, l'attaque décisive a été bien conduite; elle a été judicieusement gardée sur sa gauche.

La contre-attaque du parti rouge s'est produite au moment opportun; cependant il semble que la direction de cette contre-attaque donnait un peu trop sur le front de l'ennemi. Il eût été préférable de la faire déboucher plus au sud vers Limey, pour atteindre la gauche ennemie.

Quant à l'artillerie, en général, elle a été bien employée; au parti bleu, au début du combat, l'artillerie a été assez disséminée, ce qui a permis d'illusionner l'ennemi sur le nombre des batteries en jeu; toutefois, ce procédé, qui présente de grands avantages, a l'inconvénient de rendre la direction des feux très difficile, parce que le groupe n'est plus dans la main de son chef.

Suivant les situations, il y aura donc lieu, soit de réunir les batteries dans la main du commandant de groupe, soit de les disséminer, en fixant nettement à chacune d'elles son rôle et sa zone d'action.

Un des emplois importants de l'artillerie sur le champ de bataille consiste à coopérer à l'attaque décisive. Dans cette phase de la lutte, pour que l'artillerie puisse rendre tous les services que l'on est en droit d'attendre d'elle, il faudra avoir soin de bien fixer l'emploi de chaque groupement : contre-batterie, batterie de brèche, batterie de contre-attaque, batterie d'accompagnement.

En résumé, dans cet exercice, on est arrivé à se chicaner et l'on n'a pas obtenu de résultats positifs, bien que le parti bleu ait eu 4 bataillons et 1 batterie de plus que le parti rouge.

Et ce sont bien là les avantages des dispositifs adoptés par le parti rouge. On peut arriver à contenir l'ennemi avec des forces inférieures pour permettre au général en chef de faire des réserves avec lesquelles il produira, en temps voulu et sur le point qu'il choisira, une attaque décisive.

Dans le thème général qui a été imaginé pour cette série d'exercices sur la carte, 8 divisions bleues ont été contenues sur tout le front par 3 corps d'armée rouges. Le commandant en chef a ménagé un corps d'armée pour pouvoir prononcer une attaque décisive en un point qu'il aura choisi, tandis que l'ennemi, immobilisé sur tout le front, ayant engagé partout ses divisions, n'aura plus de réserve générale prête à riposter à cette attaque.

Exercice sur la carte du 5 avril 1905

SITUATIONS PARTICULIÈRES

PARTI ROUGE

La situation particulière est la même que pour l'exercice du 22 mars, sauf que la date de la manœuvre est celle du jour de l'exercice.

En outre, on a étudié l'engagement des troupes placées, pour la journée du 5 avril, sous les ordres du général commandant la 46e division.

PARTI BLEU

Même observation que pour le parti rouge. Étude de l'engagement de la 8e division.

Exécution de la manœuvre

Des ordres donnés par les commandants de parti résultent les situations suivantes le 5 avril, à 6h 30 du matin :

Parti rouge. — Le terrain avait été partagé en deux secteurs par la route Limey—Noviant aux Prés.

Dans le secteur de gauche se trouvait :

Détachement de reconnaissance. — Un bataillon du 1er régiment, une batterie, deux pelotons de cavalerie à Lironville.

1er régiment.	2e bataillon :	2 compagnies à Limey; 2 compagnies au carrefour de la route Limey, Noviant-aux-Prés, avec le chemin de terre Flirey, Lironville.
	3e bataillon :	En réserve au nord-est de Flirey à la disposition du commandant du parti.

Dans le secteur de droite, le 2e régiment occupait avec :

2e régiment.	1er bataillon :	3 compagnies au bois de la Voisogne; 1 compagnie au bois de la Hazelle.
	2e bataillon à Flirey.	
	3e bataillon en réserve au nord-est de Flirey, à la disposition du commandant du parti.	

Artillerie (cinq batteries) rassemblées au nord de la cote 305 (1 kilomètre sud-ouest de Limey).

La cavalerie (six escadrons) avait trouvé Noviant-aux-Prés et Minorville tenus par l'ennemi et avait eu un engagement avec la cavalerie ennemie au sud-ouest de Noviant-aux-Prés, engagement dans lequel la cavalerie rouge avait eu le dessus. Cette cavalerie, à 6h 30, tient Bernécourt, surveille la cavalerie ennemie, ainsi qu'une colonne ennemie débouchant de Noviant-aux-Prés, en marche vers le nord.

Parti bleu. — Le parti bleu était couvert par deux avant-gardes :

1° L'avant-garde de droite (premier régiment, premier groupe d'artillerie, deux pelotons de cavalerie) occupe le bois Montjoie et le bois *dit* le Rays avec deux bataillons. L'artillerie et les deux autres bataillons sont en réserve à Saint-Jean. Cette avant-garde attaque Lironville à 6h 30 du matin.

2° L'avant-garde de gauche (deuxième régiment, deuxième groupe d'artillerie, deux pelotons de cavalerie), qui a cantonné à Noviant-aux-Prés et Manonville, débouche en colonne de Noviant-aux-Prés à 6h 30, en marche sur le bois de la Voisogne. Deux compagnies sont à Minorville en soutien de la cavalerie.

Le gros (2e brigade, troisième et quatrième groupes d'artillerie) est rassemblé au nord-est de Manonville.

La cavalerie (trois escadrons) s'est retirée sur Minorville et surveille la cavalerie ennemie ainsi que les directions de Grosrouvres et Ansauville.

L'intention du commandant du parti bleu est d'immobiliser à droite l'ennemi et de porter tout son effort à gauche.

A 6h 45, le commandant du parti rouge, apprenant que l'ennemi attaque sa gauche, renforce avec un groupe d'artillerie le détachement de Lironville, puis à droite envoie au bois de la Voisogne un bataillon de la réserve et ses deux dernières batteries vont s'établir à l'est de ce bois; enfin, la compagnie du bois de la Hazelle est envoyée à Bernécourt en soutien de la cavalerie, tandis que deux compagnies du dernier bataillon en réserve au nord-est de Flirey viennent au bois de la Hazelle.

Le parti bleu riposte en établissant son premier groupe vers la cote 312 (1.200 mètres nord-est de Saint-Jean); il entre en lutte avec les quatre batteries rouges établies au nord et au sud de Lironville. Enfin, la colonne débouchant de Noviant-au-Prés est, d'une part, prise sous le feu de l'artillerie rouge établie à l'est du bois de la Voisogne et, d'autre part, inquiétée à gauche par la cavalerie. D'où ordres à un bataillon de marcher sur Bernécourt, aux deux compagnies de Minorville de tenir la croupe au nord-ouest de cette localité et au deuxième groupe de l'artillerie (groupe de l'avant-garde de gauche) de venir s'établir sur la croupe au nord-est de Noviant-aux-Prés et de contrebattre l'artillerie ennemie établie à l'est du bois de la Voisogne.

Pendant ce temps, le gros du parti bleu se porte dans le ravin, 800 mètres sud-est de Noviant-aux-Prés.

L'infanterie bleue débouchant des bois Montjoie et le Rays ne peut progresser; le combat reste stationnaire de ce côté.

Les troupes venant de Noviant-aux-Prés sont arrêtées devant le bois de la Voisogne. Le bataillon qui s'avançait sur Bernécourt est considérablement retardé par la cavalerie rouge et ne peut enlever Bernécourt défendu par l'infanterie rouge.

Vers 7h 30, une section d'artillerie bleue du troisième groupe vient s'établir sur la croupe à l'est de Bernécourt et à 1.000 mètres sud-est de cette localité, pour soutenir l'infanterie qui attaque cette localité.

La cavalerie bleue, qui essaie de percer sur Ansauville, est arrêtée par la cavalerie rouge qui tient Grosrouvres et Ansauville.

Vers 8h 30, la situation est la suivante :

PARTI ROUGE

1er régiment.	1er et 2e bataillons. . .	6 compagnies à Lironville; 2 compagnies à Limey.
	3e bataillon à Flirey.	
3 batteries (1er groupe d'artillerie) au nord de Lironville. . . . . . ; 1 batterie au sud de Lironville. . .		Objectifs : artillerie ennemie de la cote 312 et infanterie.
2e régiment.	1er bataillon :	3 compagnies au bois de la Voisogne; 1 compagnie à Bernécourt.
	2e bataillon :	2 compagnies à Bernécourt; 2 compagnies au bois de la Hazelle.
	3e bataillon au nord du bois de la Voisogne.	
2 batteries à l'est du bois de la Voisogne.		Objectifs : artillerie ennemie au nord-est de Noviant-aux-Prés et infanterie qui s'avance sur le bois de la Voisogne.

PARTI BLEU

1er régiment.	2 bataillons déployés devant Lironville. 2 bataillons en réserve dans les bois.
1er groupe d'artillerie. .	En batterie à la cote 312 (1.200 mètres nord-est de Saint-Jean) avec objectifs : Lironville et l'artillerie ennemie en batterie au nord et au sud de cette localité.
2e régiment.	3 bataillons attaquent la corne est du bois de la Voisogne. 1 bataillon est arrêté devant Bernécourt, avec 1 section d'artillerie sur la croupe à l'est de Bernécourt (1.000 mètres sud-est de cette localité).
2e groupe d'artillerie. .	En batterie sur la croupe au nord-est de Noviant-aux-Prés. Objectifs : artillerie ennemie à l'est du bois de la Voisogne et lisières de ce bois.
Cavalerie . .	Arrêtée par la cavalerie ennemie devant Grosrouvres et Ansauville.
Gros. . . .	2e brigade, 3e et 4e groupes d'artillerie, en réserve dans le ravin, 800 mètres sud-est de Noviant-aux-Prés.

A 8h 30, le commandant du parti bleu se décide à produire son attaque sur la corne ouest du bois de la Voisogne. Le troisième groupe d'artillerie vient s'établir sur la croupe au nord-ouest de Noviant-aux-Prés et prend pour objectifs les lisières sud et ouest de ce bois.

Au même moment, le commandant du parti rouge envoie l'ordre à sa cavalerie de laisser deux escadrons à Grosrouvres et Ansauville pour maintenir la cavalerie ennemie et avec son gros (quatre escadrons) de chercher à atteindre Minorville et à inquiéter les réserves ennemies.

A la même heure, le commandant du parti rouge reçoit avis qu'un groupe de l'A. $C._{24}$ est mis à sa disposition et arrivera à 9 heures à Flirey (1). Ce groupe reçoit l'ordre de venir s'établir à l'ouest du bois de la Voisogne, où vient de se porter le premier groupe d'artillerie retiré de sa position au nord de Lironville. Ce dernier groupe a pris pour objectifs le groupe ennemi établi au nord-ouest de Noviant-aux-Prés et l'infanterie qui attaque Bernécourt.

A 9^h 15, le groupe de l'A. C_{24} ouvre le feu à l'ouest du bois de la Voisogne.

Devant ce déploiement considérable d'artillerie à l'ouest du bois de la Voisogne, le commandant du parti bleu change ses dispositions et choisit pour point d'attaque la corne est du bois de la Voisogne. Le quatrième groupe d'artillerie vient s'établir à gauche du troisième, sur la croupe au nord-ouest de Noviant-aux-Prés; la réserve, qui est chargée de l'attaque décisive, se met en marche pour se placer face à son objectif, dans le ravin, 1.200 mètres sud de Noviant-aux-Prés, tandis que les deux compagnies qui étaient sur la croupe à l'ouest de Manonville se sont portées sur la croupe à l'est de Grosrouvres et ont aidé la cavalerie à enlever cette localité.

Vers 9^h 30, la cavalerie rouge, qui a pu atteindre Minorville, charge la réserve du parti bleu, où elle produit un certain désordre. Cependant elle se retire sur Minorville, où elle est obligée de rester, ne pouvant percer par Ansauville que la cavalerie bleue a enlevé après la chute de Grosrouvres.

La prise de Grosrouvres a permis à une partie de la cavalerie bleue de se porter vers le nord, où elle cherche à harceler l'ennemi.

---

(1) Le 24e corps d'armée (corps de réserve) est en marche sur Beney par la route *Hendicourt—Pannes.*

Mais, vers 9^{h} 30 également, le commandant du parti rouge apprend qu'une brigade du 24e corps d'armée (corps de réserve de l'armée) est en marche pour le renforcer et que sa tête atteindra Flirey à 10 heures du matin. Il lui faut donc durer jusqu'à l'arrivée de ces renforts. Par suite, le bataillon qui était en réserve au nord du bois de la Voisogne tente, entre 10 heures et 10^{h} 15, une contre-attaque partant de la corne est de ce bois dans la direction de Noviant-aux-Prés. Cette contre-attaque échoue sous les feux de l'infanterie et de l'artillerie ennemies.

La brigade de renfort du parti rouge reçoit l'ordre de porter un régiment à l'ouest du bois de la Hazelle et de produire une attaque sur la gauche ennemie, accompagné par deux batteries d'artillerie (ces batteries sont celles qui étaient en position à l'est du bois de la Voisogne).

Vers 11 heures, au moment où se produit l'attaque décisive du parti bleu, la situation est la suivante :

PARTI BLEU

- Avant-garde de droite. .
  - 1er régiment :
    - 3 bataillons déployés devant Lironville ;
    - 1 bataillon en réserve dans les bois.
  - 1er groupe d'artillerie à la cote 312. Objectifs : Lironville et artillerie au sud de cette localité. L'artillerie qui était au nord de Lironville s'est tue ; mais comme elle peut reprendre le feu, une partie du 1er groupe bleu continue à surveiller cette région.
- 2e régiment :
  - 2 bataillons et demi face au bois de la Voisogne, sur les croupes au sud de ce bois ;
  - 1 bataillon arrêté devant Bernécourt ;
  - 2 compagnies sur la croupe à l'est de Grosrouvres.

2e brigade marche à l'attaque du bois de la Voisogne avec sept bataillons, tandis qu'un bataillon va renforcer celui arrêté devant Bernécourt.

Cavalerie (3 escadrons) entre Grosrouvres et Ansauville.

- Artillerie : prépare l'attaque décisive. . . .
  - 3e groupe sur la croupe au nord-est de Noviant-aux-Prés.
    - Batterie de droite, batterie d'accompagnement.
    - 2 batteries de gauche, batteries de brèche. Objectifs : corne sud-est du bois de la Voisogne.

- Artillerie : prépare l'attaque décisive . . .
  - 3e groupe sur la croupe au nord-ouest de Noviant-aux-Prés.
    - Batterie de droite, batterie de contre-attaque. Zone de surveillance à l'est du bois de la Voisogne.
    - 2 batteries de gauche, batteries de brèche. Objectif : lisières du bois de la Voisogne.
  - 4e groupe à la gauche du 3e, contre-batteries. Objectif : batteries à l'ouest du bois de la Voisogne.

PARTI ROUGE

- 1er régiment.
  - 1er et 2e bataillons . . . . .
    - 6 compagnies à Lironville.
    - 2 compagnies à Limey.
  - 3e bataillon au nord du bois de la Voisogne.
- 1 batterie au sud de Lironville. Objectif : l'artillerie ennemie de la cote 312.
- 2e régiment.
  - 1er bataillon . .
    - 3 compagnies au bois de la Voisogne.
    - 1 compagnie à Bernécourt.
  - 2e bataillon. . .
    - 2 compagnies à Bernécourt.
    - 2 compagnies au bois de la Hazelle.
  - 3e bataillon dans le bois de la Voisogne.
- Artillerie . .
  - 1 groupe A. D.$_{46}$
  - 1 groupe A. C.$_{44}$
    - à l'ouest du bois de la Voisogne. Objectif : artillerie au nord-ouest de Noviant-aux-Prés.
- Brigade du 24e corps d'armée . .
  - 1 régiment avec 2 batteries de l'A. D.$_{46}$ en marche à l'ouest du bois de la Hazelle pour attaquer l'ennemi sur son flanc gauche.
  - 2e régiment. . .
    - 1 bataillon en marche pour renforcer l'occupation du bois de la Voisogne.
    - 2 bataillons en réserve à Flirey.
- Cavalerie . .
  - 2 escadrons au nord d'Hamonville.
  - 4 escadrons vers Minorville.

Enseignements

La manœuvre peut se résumer ainsi :

Le parti bleu a constitué une première force d'attaque sur Lironville.

Cette attaque a été très lente et a constitué un combat d'usure.

A gauche, combat de préparation mené par trois bataillons et six batteries, et attaque décisive avec sept bataillons et trois batteries sur la corne est du bois de la Voisogne, tandis que Bernécourt était masqué avec deux bataillons.

Au parti rouge, le terrain a été partagé en deux secteurs; celui de gauche est occupé par deux bataillons et quatre batteries; celui de droite, par deux bataillons et deux batteries.

Deux bataillons sont en réserve. Le commandant du parti rouge a désigné, avec juste raison, un commandant pour cette réserve; cette disposition est excellente, elle est à recommander.

La 92e brigade a fait beaucoup de volume et a occupé un très grand front; elle a bien rempli son rôle de couverture et a forcé la division bleue à se déployer complètement. Mais, comme la 92e brigade commençait à être en mauvaise posture, le commandant de l'armée lui a envoyé une brigade et un groupe d'artillerie du corps d'armée de réserve. Avec ces nouvelles forces, le commandant du parti rouge a renforcé la ligne et produit un mouvement offensif. Si l'attaque décisive du parti bleu avait réussi, le parti rouge aurait eu encore assez de forces pour pouvoir continuer son rôle de couverture et se retirer sur Limey et le bois de Mort-Mare, et par suite donner au commandant de l'armée le temps dont il a besoin pour prendre ses dispositions.

L'artillerie rouge a été très manœuvrière et a pu faire croire à l'ennemi que son parti était doté d'une artillerie numériquement supérieure à ce qu'elle avait en réalité. Cette tactique de mouvement de l'artillerie peut très bien se réaliser, même avec l'artillerie à tir rapide, et donner de très bons résultats.

Cependant une partie des mouvements de l'artillerie rouge eût pu être évitée. Ce parti, en effet, a engagé un groupe au nord-est de Lironville, en sus de la batterie du détachement de couverture. Il semble que si on avait simplement renforcé cette dernière batterie par les deux autres batteries du même groupe, on aurait économisé une batterie qui eût pu être employée à droite.

Au moment où le parti bleu devenait menaçant devant le bois de la Voisogne, le parti rouge, même avant l'arrivée des renforts, a exécuté une contre-attaque qui a forcé l'ennemi à s'arrêter. Cette idée était très bonne. Toutefois, pour exécuter ces contre-attaques, il faut savoir choisir et le moment et le lieu. Il semble que, dans le cas présent, ces deux conditions aient été remplies; mais, dans la plupart des cas, le moment où l'on peut faire une contre-attaque est très fugitif, et par conséquent, cette contre-attaque sera généralement difficile à exécuter.

Le mouvement de la cavalerie rouge sur les derrières de l'ennemi a été bien mené; peut-être, si elle n'avait pas donné tant d'ampleur à son mouvement, aurait-elle pu revenir à la droite de son parti, et trouver, dans l'attaque qui se montait, une nouvelle occasion d'intervenir.

Le commandant du parti bleu s'est décidé à masquer Bernécourt et à attaquer le bois de la Voisogne. Peut-être aurait-il pu d'abord enlever Bernécourt, puis partir de là, pour exécuter l'attaque projetée. Il est vrai que, par suite des circonstances, l'attaque partant de Bernécourt aurait été prise en flanc par l'attaque du parti rouge; aussi, l'attaque bleue débouchant de Noviant-aux-Prés aurait réussi, mais elle pouvait aussi bien recevoir une contre-attaque partant de la corne ouest du bois de la Voisogne.

En résumé, à la guerre, tout peut réussir, pourvu que le mouvement soit nettement ordonné et aussi bien exécuté.

Cet exercice a fait naître un grand nombre de problèmes de détail qu'il fallait résoudre rapidement comme sur le terrain. Les études de ce genre ne peuvent donc être que très profitables et très utiles à l'instruction des officiers.

Exercice sur la carte du 15 avril 1905

PARTI ROUGE

Situation générale. — Une armée rouge de quatre corps d'armée qui s'avançait vers le nord-est, venant de la région de Saint-Mihiel, s'est heurtée à une armée ennemie bleue qui avait franchi la Moselle à Metz et plus au sud.

Composition de l'armée rouge. — Cette armée comprend les 21ᵉ, 22ᵉ, 23ᵉ et 24ᵉ corps d'armée, ayant la composition des corps d'armée français, et une artillerie lourde d'armée (un groupe de 120). Les régiments sont à trois bataillons.

Journée du 14 avril. — Dans cette journée, les deux armées ont été aux prises, et, le soir, la situation est la suivante :

22ᵉ corps d'armée. — Le 22ᵉ corps d'armée tient Lachaussée, bois Bouseil, Dampvitoux, le petit bois à 1 kilomètre est de la ferme Marimbois et s'étend jusqu'à la source du Rupt.

Son artillerie est répartie de la façon suivante :

1 groupe A. $D._{43}$ 1 groupe A. $C._{22}$	à l'ouest de Dampvitoux.
2 groupes A. $D._{44}$ 2 groupes A. $C._{22}$	sur la croupe au sud de Dampvitoux et à l'est de la ferme Marimbois.

L'artillerie lourde d'armée (un groupe de 120) est venue, dans l'après-midi du 14, s'établir au nord du bois de Dampvitoux et à 700 mètres au sud-est de la ferme Marimbois, pour canonner Dommartin-la-Chaussée.

En face le 22e corps d'armée, le parti bleu atteint Hadonville-lès-Lachaussée, Xonville, le bois la Dame, la cote 245 (500 mètres nord-ouest d'Hagéville), Hagéville, Dommartin-la-Chaussée, Charey et la croupe au sud de ces deux dernières localités.

L'artillerie du parti bleu est à la cote 245 (500 mètres nord-ouest d'Hagéville) sur la croupe 1.800 mètres nord de Dommartin-la-Chaussée et Charey.

Le flanc gauche du parti rouge était couvert par une brigade du 22e corps d'armée, un groupe de l'A. $D._{43}$, une division provisoire de cavalerie formée par les brigades de cavalerie des 21e et 22e corps d'armée, un groupe à cheval de l'A. $C._{22}$. Ce détachement tient la lisière nord du bois des Haudronville-Bas, Woël et Avillers.

En face de lui, le parti bleu occupe Doncourt-aux-Templiers, la ferme de Bouvrot et les bois de la Haute-Voye et des Haravillers.

21e corps d'armée. — Le 21e corps d'armée a engagé une division (41e) sur la rive gauche du Rupt-de-Mad et une division (42e) sur la rive droite.

Le 14 avril au soir, la 41e division borde la rive droite du ruisseau du Rupt au contact de l'ennemi. Elle se relie à la 42e division au moulin de Jaulny. Son artillerie a été renforcée par deux groupes montés et un groupe à cheval de l'artillerie de corps du corps de réserve (24e corps) et occupe savoir :

2 groupes A. $D._{41}$ 1 groupe à cheval A. $C._{24}$	sur la croupe à l'est de Xammes.
2 groupes montés A. $C._{24}$	sur la croupe au nord-ouest de Xammes.

L'artillerie ennemie est en batterie à droite et à gauche de la ferme Mon-Plaisir.

La 42e division, renforcée par l'A. $C._{21}$, occupe la ligne Moulin de Jaulny, Jaulny, bois d'Heiche avec :

2 groupes A. $D._{42}$ sur la croupe à l'ouest de Jaulny.
3 groupes montés A. $C._{21}$ } sur la croupe au nord du bois d'Heiche.
1 groupe à cheval A. $C._{21}$ }

En face la 42e division, le parti bleu tient les lisières sud-ouest du bois de Grand-Fontaine, mais n'a pu en déboucher, la ferme Tautecourt et le bois Robert, avec de l'artillerie au nord et au sud de la ferme Tautecourt.

23e corps d'armée. — Le 23e corps d'armée, qui, au cours du combat, a été renforcé par une brigade et un groupe monté de l'artillerie de corps du 24e corps d'armée (corps de réserve), tient la ferme Grizière, le bois du Four, la croupe au sud-est du bois d'Euvezin, le bois de Mort-Mare, le bois de Remières et Seicheprey, maintenant l'ennemi sur tout le front, avec l'artillerie répartie ainsi qu'il suit :

2 groupes A. $D._{45}$ à la ferme Grizière.
3 groupes montés A. $C._{23}$ } sur la croupe au sud-est du bois d'Euvezin.
1 groupe à cheval A. $C._{23}$ }
2 groupes A. $D._{46}$ } sur la croupe au nord-ouest de Flirey.
1 groupe monté A. $C._{23}$ }

En face du 23e corps d'armée, le parti bleu occupe le bois Robert, Viéville-en-Haye, les bois Claude et de la Rappe, la cote 322 (1 kilomètre ouest de Regniéville-en-Haye), Remenauville, Limey, Flirey et le bois Jury, avec artillerie au nord et au sud de Viéville-en-Haye, à l'ouest de Regniéville-en-Haye, à la cote 302 (sud-est de Remenauville) et sur la crête Limey, Flirey.

24e corps d'armée. — Le 24e corps d'armée, réserve générale, est arrivé à Beney, où il a bivouaqué.

Il dispose encore de trois brigades d'infanterie, de deux groupes A. $D._{47}$, de deux groupes A. $D._{48}$ et de sa brigade de cavalerie.

Journée du 15 avril. — Dans la soirée du 14 avril, le général commandant l'armée rouge, à la suite des rapports reçus, sentant l'armée bleue immobilisée sur tout le front, se décide à rechercher la solution par une attaque décisive. En conséquence, il donne au commandant du 24e corps d'armée l'ordre suivant :

Demain 15 avril, attaque décisive par le 24e corps d'armée, sur le front Dommartin-la-Chaussée—Charey.

Le corps d'armée devra être placé au sud de Xammes, face à son objectif, pour 6 heures du matin.

Le commandant du 24e corps d'armée disposera de ses trois brigades d'infanterie disponibles, de sa brigade de cavalerie, et comme artillerie de :

1° Son artillerie disponible (deux groupes A. $D._{47}$, deux groupes A. $D._{48}$);

2° Deux groupes montés de l'A. $C._{24}$ en position au nord-ouest de Xammes;

3° Un groupe à cheval de l'A. $C._{24}$ et deux groupes A. $D._{41}$: en position à l'est de Xammes;

4° Deux groupes A. $D._{44}$ et deux groupes A. $D._{22}$ qui sont sur la croupe au sud de Dampvitoux;

5° Un groupe de 120 (artillerie lourde d'armée) qui est à 700 mètres sud-est de la ferme Marimbois.

Toutes les batteries devront être complétées en munitions pendant la nuit.

Cet exercice a pour but l'étude de l'attaque décisive produite par le 24e corps d'armée.

PARTI BLEU

Situation générale. — Une armée bleue de quatre corps d'armée qui avait franchi la Moselle à Metz et plus au sud, et qui s'avançait vers le sud-ouest, s'est heurtée à une armée ennemie rouge venant de la région de Saint-Mihiel.

Composition de l'armée. — Cette armée comprend, les 1er, 2e, 3e, et 4e corps d'armée, ayant la composition suivante : deux divisions identiques [(à quatre régiments de quatre bataillons), (un A. D. de 12 batteries)]; une brigade de cavalerie.

Journée du 14 avril. — L'armée bleue marchait sur un grand front par colonnes de division.

Toutes ces colonnes se sont heurtées, dès le 13, à l'ennemi, et le 14 au soir, la situation est la suivante :

1re division. — La 1re division, qui cherchait à tourner la gauche ennemie, a refoulé depuis l'Yron les troupes du parti rouge sur le bois des Haudronville-Bas, Woël et Avillers; elle tient Doncourt-aux-Templiers, la ferme de Bouvrot et les bois de la Haute-Voye et des Haravillers.

2e division. — La 2e division, qui marchait un peu en arrière de la 1re, a engagé un escadron, une brigade et deux groupes d'artillerie à la gauche de la 1re division et occupe Xonville et Hadonville-lès-Lachaussée. Le reste (3 escadrons, 1 brigade [8 bataillons], 2 groupes) a été laissé à la disposition du général en chef et s'est rendu au carrefour, 1 kilomètre nord-est de Saint-Julien-lès-Gorze où il bivouaque le 14 au soir.

3e division. — La 3e division, qui a opéré au nord-ouest du ravin de Saint-Julien-lès-Gorze, tient le bois La Dame, la cote 245 (500 mètres nord-ouest d'Hagéville), Hagéville, Dommartin-la-Chaussée, Charey, et la croupe au sud de ces deux dernières localités, avec son artillerie à la cote 245, sur la croupe 1.800 mètres nord de Dommartin-la-Chaussée, et entre Dommartin-la-Chaussée et Charey.

En face de la 3e division, le parti rouge tient Lachaussée, bois Bouseil, Dampvitoux, le petit bois à 1 kilomètre est de la ferme Marimbois avec artillerie à l'ouest de Dampvitoux et sur la croupe au sud de cette localité.

4e division. — La 4e division, qui opérait à la gauche de la 3e, sur la rive gauche du Rupt-de-Mad, tient la hauteur de la ferme Mon-Plaisir, son infanterie étant au contact de celle de l'ennemi, dans le ravin du ruisseau du Rupt, son artillerie déployée sur la hauteur de la ferme Mon-Plaisir. L'artillerie ennemie occupe les croupes au nord et à l'est de Xammes.

5e division. — La 5e division, qui s'avançait par Prény, tient les lisières sud-ouest du bois de Grand-Fontaine, mais n'a pu en déboucher, ainsi que la ferme Tautecourt et le bois Robert, avec son artillerie au nord et au sud de la ferme Tautecourt.

En face de la 5e division, le parti rouge occupe la ligne Moulin de Jaulny, Jaulny, bois d'Heiche, avec artillerie sur la croupe à l'ouest de Jaulny et sur la croupe au nord du bois d'Heiche.

6e, 7e et 8e divisions. — Les 6e, 7e et 8e divisions tiennent Viéville-en-Haye, les bois Claude et de la Rappe, la cote 322 (1 kilomètre ouest de Regniéville-en-Haye), Remenauville, Limey, Flirey et le bois du Jury, mais elles ne peuvent plus progresser devant l'ennemi qui occupe la ferme Grizière, le bois du Four, la croupe au sud-est du bois d'Euvezin et la croupe au nord-ouest de Flirey.

L'artillerie des 6e, 7e et 8e divisions est en batterie au nord et au sud de Viéville-en-Haye, au sud-ouest de Regniéville-en-Haye, à la cote 302 (sud-ouest de Remenauville) et sur la crête Limey, Flirey.

Journée du 15 avril. — Dans la soirée du 14 avril, le commandant du parti bleu, à la suite des rapports reçus, sentant que les 3e et 4e divisions faiblissent, se décide à les renforcer par la seule troupe disponible qui lui reste, reliquat de la 2e division (3 escadrons, 1 brigade, 2 groupes).

En conséquence, il donne l'ordre suivant :

Demain, 15 avril, le général commandant le 2e corps d'armée, disposant en plus des troupes restantes de la 2e division (2 régiments d'infanterie à quatre bataillons, 2 groupes de batteries, 3 escadrons de cavalerie) qui ont bivouaqué au carrefour 1 kilomètre nord-est de Saint-Julien-lès-Gorze, attaquera, à 6 heures du matin, dans la direction Charey, bois de Dampvitoux.

Cet exercice a pour but l'étude de l'attaque des 3e et 4e divisions renforcées.

Exécution de la manœuvre

En conséquence des ordres reçus, les instructions suivantes ont été données dans les deux partis par les commandants de corps d'armée intéressés :

PARTI ROUGE

« Demain 15 avril, le 24e corps d'armée fera une attaque décisive contre le front Dommartin—Charey. Cette attaque coïncidera avec une reprise générale de l'offensive, sur le front de la 41e division (le Rupt) en particulier.

« L'attaque décisive prendra comme premier objectif la ligne Mon-Plaisir, Charey, et comme deuxième objectif, la hauteur de Dommartin-la-Chaussée.

« L'artillerie appuiera l'attaque en se groupant dans les conditions suivantes :

« Les cinq groupes de Marimbois et environs (2 groupes A. D.$_{44}$, 2 groupes A. C. $_{22}$, 1 groupe de 120) prendront comme objectif la position Dommartin—Charey proprement dite.

« Les quatre groupes montés et le groupe à cheval des environs de Xammes (2 groupes montés A. C.$_{24}$ au nord-ouest de Xammes, 2 groupes A. D.$_{41}$ et 1 groupe à cheval A. C.$_{24}$, à l'est de Xammes) fourniront les contre-batteries contre l'artillerie ennemie de Mon-Plaisir.

« Les quatre groupes restant disponibles (2 groupes A. D.$_{47}$, 2 groupes A. D.$_{48}$) fourniront les batteries de brèche, de contre-attaque et d'accompagnement.

« Toute cette artillerie sera placée sous les ordres du général commandant l'artillerie du 24e corps d'armée. »

PARTI BLEU

« Charey, 14 avril, 7h30 soir. — La 3e division continuera à tenir, avec sa 1re brigade, la ligne bois la Dame, Hagéville, Dommartin-la-Chaussée, Charey.

« La 3e brigade de cette division bivouaquera dans le ravin au nord (800 mètres) de Charey.

« La 4e division occupera solidement pendant la nuit la rive gauche du Rupt et concentrera une de ses brigades près de Rembercourt.

« Les troupes de la 2e division, en réserve près de Saint-Julien-lès-Gorze, se tiendront prêtes à se porter en avant, dans la direction de Charey, demain, à la pointe du jour.

« Le commandant de l'artillerie de la 3e division reploiera ses batteries en arrière de la cote 245 et entre Dommartin et Charey.

« Les batteries de la 4e division bivouaqueront sur la position qu'elles occupent sur la crête de la ferme Mon-Plaisir. »

« Charey, 15 avril, 2 heures matin. — La 4e division se portera à la pointe du jour à l'attaque des positions ennemies à l'est et au nord de Xammes; elle commencera son mouvement à 4h30 du matin.

« La 2e brigade de cette division prononcera son attaque sur le bois du Rupt, Xammes et la cote 238.

« La 1re brigade de la 3e division tiendra la ligne bois la Dame, Hagéville, Dommartin-la-Chaussée, Charey.

« La 2e brigade de la 3e division rassemblée au nord de Charey restera en réserve à la disposition du commandant du corps d'armée.

« La brigade de la 2e division se mettra en marche à 4h30 du matin et se dirigera sur Saint-Julien-lès-Gorze et Charey, où elle recevra de nouveaux ordres.

« Le commandant du corps d'armée se tiendra à la ferme Mon-Plaisir. »

A 6 heures du matin, la situation des deux partis est la suivante :

PARTI ROUGE

Le 24e corps d'armée (3 brigades) est rassemblé au sud de Xammes, face à son objectif (Dommartin, Charey), la brigade de cavalerie à côté.

Devant lui et à sa droite, la 41e division borde la rive droite du ruisseau le Rupt, au contact de l'ennemi.

A sa gauche, le 22e corps d'armée tient le petit bois à l'est de la ferme Marimbois, Dampvitoux, bois Bouseil.

L'artillerie est répartie comme il est dit dans l'ordre donné par le commandant du parti rouge.

PARTI BLEU

La 1re brigade de la 3e division a :

1er régiment :
- 1 bataillon au bois la Dame;
- 1 bataillon à Hagéville;
- 1 bataillon sur la route Champs-Dampvitoux;
- 1 bataillon en réserve à l'est de la cote 245.

2e régiment :
- 2 bataillons à Dommartin-la-Chaussée;
- 1 bataillon à Charey;
- 1 bataillon en réserve aux Carrières, au nord-est de Charey.

La 2e brigade est rassemblée à 1 kilomètre à l'est de Dommartin-la-Chaussée.

L'artillerie de la 3e division est répartie ainsi qu'il suit :

1 groupe à la cote 245; objectif : artillerie au nord-ouest de Dampvitoux;

*

2 groupes sur la croupe 1.500 mètres au sud-est d'Hagéville. Objectifs : 1er groupe artillerie au nord-ouest de Dampvitoux et village de Dampvitoux.

2e groupe : artillerie au sud de Dampvitoux;

3 groupes (dont les 2 groupes de la 2e division) sur la croupe entre Dommartin-la-Chaussée et Charey.

Objectifs : artillerie au sud de Dampvitoux et lisières du petit bois à l'est de la ferme de Marimbois.

La 4e division a 2 bataillons sur le Rupt, à l'ouest de la route Charey, Xammes et 4 bataillons sur le Rupt, dans le bois de la Montagne et au moulin de Rembercourt.

En réserve, 1 bataillon à la ferme Mon-Plaisir, 1 bataillon à Rembercourt-sur-Mad.

La 2e brigade de la 4e division attaque le bois du Rupt.

L'artillerie de la 4e division a 2 groupes au nord et 2 groupes au sud de la ferme Mon-Plaisir, avec objectifs l'artillerie au nord-ouest et à l'est de Xammes.

La brigade de la 2e division arrive à l'est de Charey où elle se rassemble.

A 6h 15 du matin, l'attaque du parti rouge se produit de la façon suivante :

1 brigade du 24e corps d'armée attaque droit devant elle dans la direction de la hauteur de la ferme Mon-Plaisir, poussant en avant la 41e division déjà engagée sur le Rupt et appuyée par 8 groupes d'artillerie, savoir :

2 groupes A. $D._{41}$ 2 groupes A. $D._{47}$	à l'est de Xammes.
2 groupes montés A. $C._{24}$ 2 groupes A. $D._{48}$	au nord-ouest de Xammes.

Les 2 brigades restantes du 24e corps d'armée se préparent à gagner par infiltration la région de la source du Rupt. Le groupe à cheval de l'A. $C._{24}$ et 2 escadrons accompagnent ces deux brigades.

Entre 7 heures et 7h 15, l'infanterie du parti bleu, fortement attaquée par la 41e division, renforcée par la brigade du 24e corps, commence à perdre du terrain. La 2e brigade de la 4e division bleue, qui attaquait le bois du Rupt, ne peut poursuivre sa marche.

L'artillerie rouge prend la supériorité sur l'artillerie bleue et, dès 7h 15, les 2 groupes bleus établis au sud de Mon-Plaisir se retirent en arrière de la crête et deviennent, par conséquent, sans aucun secours pour leur infanterie qui combat dans le ravin du Rupt. Les 2 autres groupes établis au nord de Mon-Plaisir se retirent également et vont renforcer l'artillerie établie entre Dommartin et Charey, qui doit appuyer une attaque de la brigade de la 2e division bleue sur le petit bois à l'est de la ferme Marimbois.

En résumé, dans la partie du champ de bataille qui avoisine le Rupt, l'infanterie rouge (41e division et 1 brigade du 24e corps d'armée) qui attaque, avec le secours de 24 batteries, une infanterie à peu près égale en nombre, mais sans aucune artillerie, à partir de 7h 15, a nettement l'avantage et ne tarde pas à gravir les pentes qui, du Rupt, conduisent sur le plateau de Mon-Plaisir. Le bois de la Montagne est évacué par l'infanterie bleue à 7h 30 du matin.

Le commandant du parti bleu, voyant l'infériorité manifeste de la 4e division dans la région de Mon-Plaisir, décide que, dans cette région, le parti bleu se tiendra momentanément sur la défensive, et, dès 8 heures du matin, la ligne de défense du parti bleu est, de ce côté, reportée sur le front Rembercourt—ferme de Mon-Plaisir—Charey.

Les 2 groupes d'artillerie bleue restent sur cette ligne près de Mon-Plaisir, et, avec l'infanterie, empêchent l'infanterie rouge de déboucher sur le plateau de Mon-Plaisir.

Plus au nord, la 2e brigade de la 3e division bleue, qui était rassemblée à l'est de Dommartin-la-Chaussée, se porte à l'attaque de Dampvitoux, appuyée par 3 groupes d'artillerie en position sur la hauteur entre Charey et Dommartin-la-Chaussée, et 2 groupes de la 4e division en batterie au nord de Dommartin-la-Chaussée.

2 escadrons de cavalerie accompagnent l'attaque sur son flanc droit.

La brigade de la 2e division, tout en renforçant la défense de Charey, reçoit l'ordre de se retirer sur la croupe entre Dommartin et Saint-Julien-lès-Gorze.

Pendant ce temps, les 2 brigades du parti rouge chargées de

l'attaque décisive sont arrivées, par infiltration, dans la dépression de la source du Rupt, et se rassemblent par brigades accolées en colonne double de régiment.

Une avant-ligne de 8 compagnies (2 par régiment) est aussitôt constituée et forme la ligne de feux face à Charey et à la croupe au nord-ouest.

L'artillerie des hauteurs de Xammes (8 groupes), réunie sous un même commandement, appuie cette attaque.

La préparation de l'attaque sur la position Dommartin—Charey est faite par :

4 groupes de brèche;

4 groupes de contre-batteries.

Au moment de l'exécution de l'attaque, la répartition de l'artillerie est la suivante :

4 groupes de brèche;

2 groupes de contre-batteries;

1 groupe de contre-attaque;

1 groupe d'accompagnement, plus le groupe à cheval.

Vers 9 heures, l'attaque décisive, opérant par lignes successives (6 lignes de 8 compagnies chacune), arrive par sa droite près de Charey (où elle reçoit et repousse une contre-attaque partie des environs du village) et par sa gauche près de Dommartin.

En même temps, plus à droite, la 41e division et la brigade du 24e corps ont repris leurs attaques, avec succès, contre la position de Mon-Plaisir.

Les groupes d'accompagnement sont établis à mi-pente du ravin du Rupt pour appuyer l'infanterie.

En face des attaques exécutées, avec des forces supérieures, par le parti rouge, le parti bleu se retire, savoir :

La 4e division sur le bois de Villecey et Saint-Julien-lès-Gorze; la 3e division sur Hagéville, Champs et la cote 267; l'artillerie bleue s'établit partie à la cote 312 (800 mètres au sud-est de Saint-Julien-lès-Gorze), partie à la cote 267 (1.200 mètres à l'est de Champs).

La brigade de la 2e division occupe les hauteurs au nord de Saint-Julien-lès-Gorze.

Les forces de l'attaque décisive, aussitôt arrivées sur la position, occupent fortement les points d'appui de Charey et Dommartin avec l'infanterie, et la crête intermédiaire avec son artillerie.

L'ennemi ne faisant pas de retour offensif, mais retirant visiblement ses forces, l'offensive du parti rouge se poursuit sur 3 colonnes, savoir :

1 par Mon-Plaisir sur le bois de Villecey et la cote 312 (41e division et 1 brigade du 24e corps);

1 des environs de Charey sur la croupe au nord-ouest de Saint-Julien-lès-Gorze (1 brigade avec artillerie et cavalerie);

1 des environs de Dommartin-la-Chaussée sur la croupe au sud de Champs (1 brigade avec artillerie et cavalerie).

Enseignements

L'attaque décisive, qui doit être exécutée par une troupe fraîche, ne peut réussir que si elle est précédée et accompagnée d'une préparation très forte par l'artillerie.

Il fallait donc mettre en ligne toute l'artillerie, la placer sous un même commandement qui l'aurait répartie tout d'abord, pour la préparation, en contre-batteries et en batteries de brèche.

Afin que les munitions d'artillerie ne viennent pas à manquer, toutes les batteries devaient avoir leurs coffres pleins.

L'infanterie, pendant la préparation par l'artillerie, se porte par des cheminements couverts vers le point d'où elle doit déboucher pour l'attaque.

L'infanterie ayant gagné du terrain en avant, l'artillerie fait un bond et continue la préparation. Ici toutes les batteries de brèche et une partie des contre-batteries s'étaient portées en avant de Xammes. Ces batteries qui se portent en avant deviennent par le fait des batteries d'accompagnement.

A ce moment, il y a lieu de désigner les batteries de contre-attaque qui devront, en général, se trouver sur les ailes.

Dans tous les cas, toutes les contre-batteries ne doivent pas être désignées comme batteries d'accompagnement. Un certain nombre de batteries restent sur la première position pour continuer à brider l'artillerie ennemie. Dans le cas présent, on aurait eu des batteries étagées.

Enfin les batteries de brèche doivent continuer leur tir jusqu'au dernier moment.

Le dispositif choisi pour l'attaque décisive comportait l'emploi de lignes d'infanterie successives se poussant l'une l'autre. La profondeur du dispositif pris par le parti rouge était de 1.200 mètres.

Mais ce dispositif ne comportait pas de lignes débordantes; aussi, lorsqu'une contre-attaque ennemie est sortie de Charey, il n'a pas été facile de lui riposter.

Il convenait donc de modifier le dispositif d'attaque et de prendre une formation débordant à droite et à gauche, en un mot, la formation en tête de porc.

Le parti bleu a rompu le combat.

Il aurait peut-être été préférable, au moment où l'infanterie rouge entrait dans Dommartin et dans Charey, que la brigade en réserve à Saint-Julien-lès-Gorze prononçât un retour offensif dont on peut saisir plus facilement le moment que si on veut exécuter une contre-attaque.

En ce qui concerne la poursuite, il semble que deux colonnes dirigées l'une sur Hagéville, l'autre sur le bois des Perrières, eussent été suffisantes. Les deux ailes du parti bleu tombant, toute la ligne ennemie serait également tombée. Cette manière de faire eût été préférable, au lieu de s'engouffrer dans le centre de la tenaille formée par le parti bleu.

Dans la poursuite, il faut agir sur les ailes; les colonnes lancées sur le centre auraient été prises par des feux d'enfilade.

Un problème qui se pose au moment où l'attaque décisive vient de réussir est de savoir :

Quelle est l'infanterie qui va poursuivre;

Quelle est celle qui va occuper la position?

C'est surtout une affaire du moment. Si les premières vagues sont trop démontées, il faut les laisser sur place; si, au contraire, elles sont assez fraîches, ce sont elles qui poursuivront.

En tout cas, il convenait de faire occuper par les troupes les plus fraîches les points d'appui de Dommartin et Charey.

CONCLUSION

Dans le thème général qui a été imaginé pour la série des six exercices sur la carte, résumés dans le présent travail, 8 divisions bleues (128 bataillons, 96 batteries, 32 escadrons de cavalerie) se sont heurtées à 4 corps d'armée rouges (96 bataillons, 95 batteries, 32 escadrons de cavalerie).

Le parti bleu s'avançait sur un grand front, sans avant-garde générale, par colonnes de division, l'artillerie étant affectée à chaque division. Le parti rouge, au contraire, avait une avant-garde générale d'un corps d'armée, suivie de trois autres corps, l'artillerie de chaque corps d'armée comprenant des artilleries divisionnaires et une artillerie de corps.

Suivant le système préconisé en France par quelques esprits, au moment de la prise de contact, tous les corps d'armée rouges étaient protégés par des détachements de couverture, lancés en avant et sur les flancs.

Grâce à ce dispositif, le parti rouge a pu contenir les 8 divisions bleues sur tout le front avec trois corps d'armée seulement. Le général en chef du parti rouge est parvenu ainsi à conserver en réserve générale 18 bataillons frais et 15 batteries, avec lesquels il a pu produire, en temps voulu et sur le point qu'il a choisi, une attaque décisive.

Le parti bleu, au contraire, immobilisé sur tout le front, ayant engagé partout ses divisions, ne peut qu'à grand'peine se constituer une réserve (8 bataillons frais et 6 nouvelles batteries) pour riposter à l'attaque décisive du parti rouge.

Enfin il semble ressortir encore de ces exercices, au point de vue de l'artillerie, qu'il y a un avantage réel à conserver l'artillerie de corps dans la constitution du corps d'armée, sur le pied de guerre.

Le parti bleu, qui avait l'organisation divisionnaire, n'a pu arriver à former la masse d'artillerie qui lui aurait été nécessaire sinon pour arrêter l'attaque décisive, tout au moins pour retarder la marche victorieuse de son adversaire.

Le parti rouge a pu, au contraire, faire entrer en ligne, sur le point d'attaque choisi, 41 batteries (164 pièces), tandis que le parti bleu n'a pu riposter qu'avec 30 batteries (120 pièces).

TABLE DES MATIÈRES

Nancy, impr. Berger-Levrault & Cie

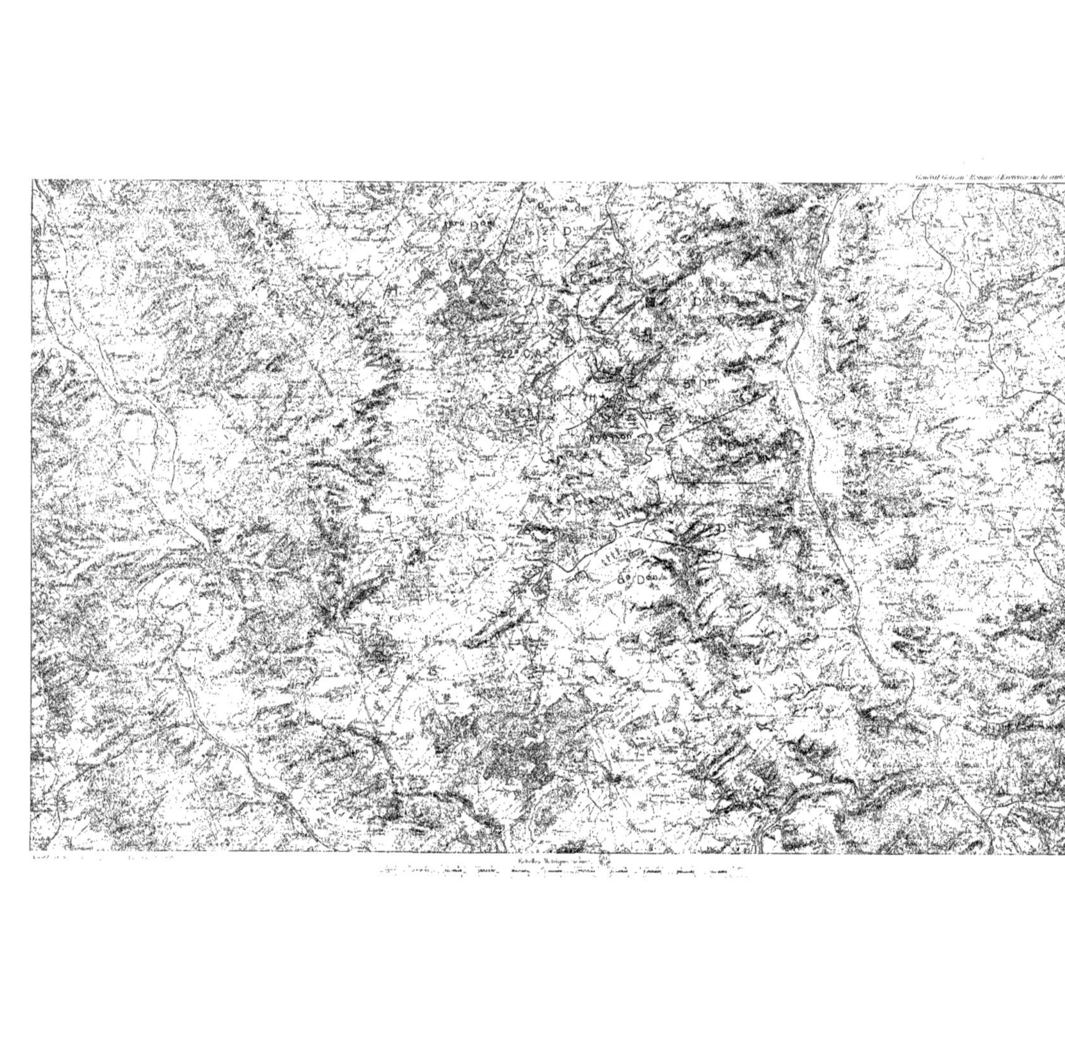

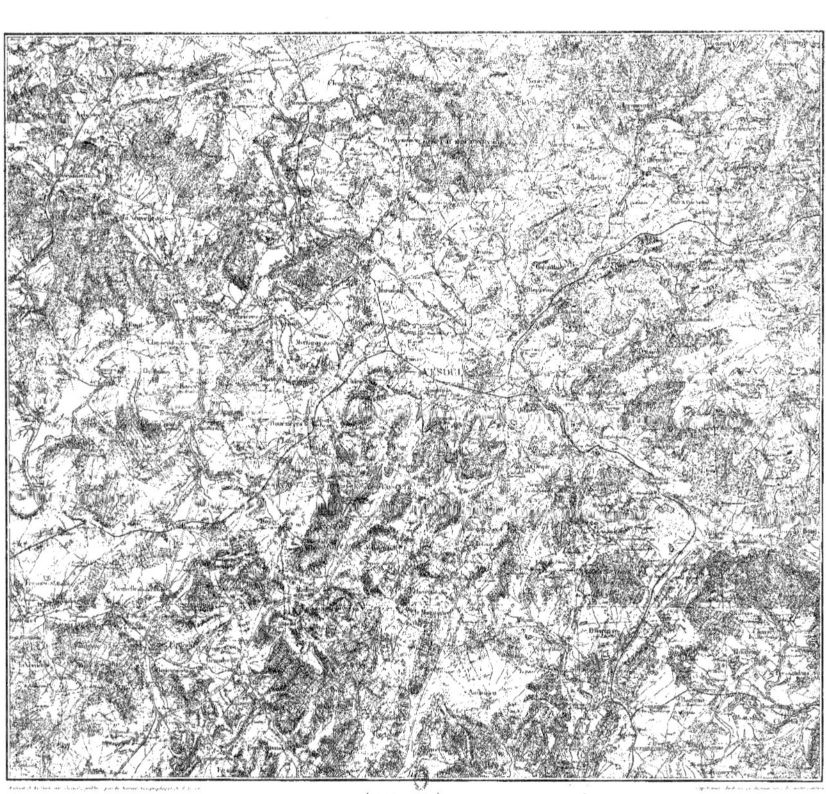

Échelle au $\frac{1}{80,000}$

Nancy, impr. Berger-Levrault et Cie

www.ingramcontent.com/pod-product-compliance
Ingram Content Group UK Ltd.
Pitfield, Milton Keynes, MK11 3LW, UK
UKHW021145220726
13924UKWH00003B/1019